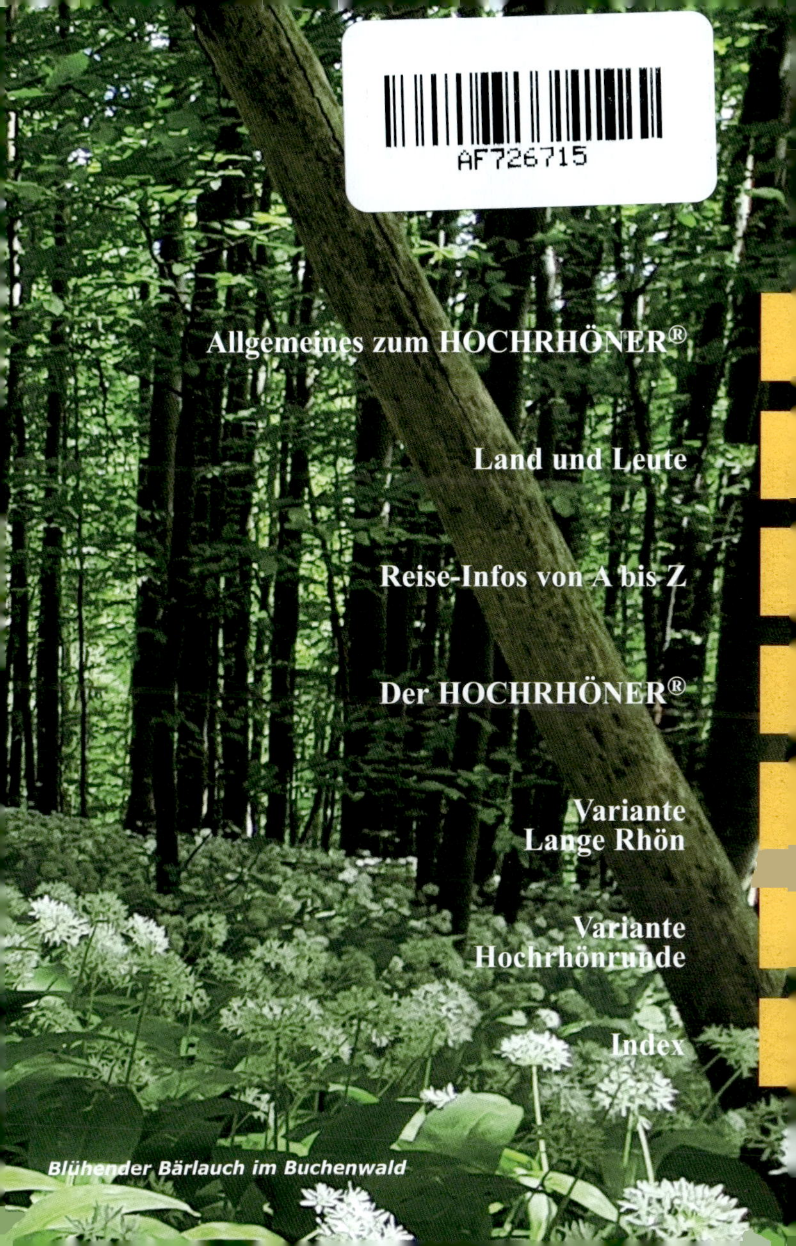

Blühender Bärlauch im Buchenwald

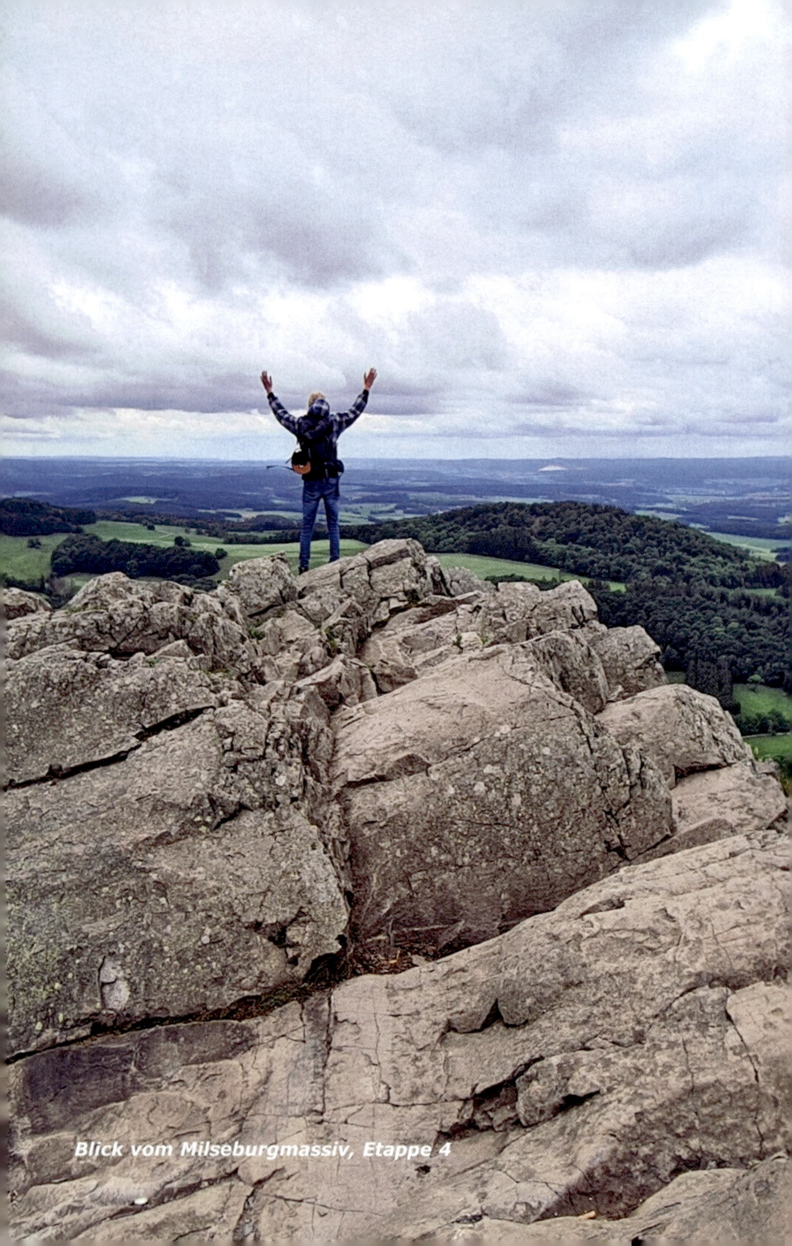

Blick vom Milseburgmassiv, Etappe 4

Band 494

OutdoorHandbuch

Julian Gick

HOCHRHÖNER®
von Bad Kissingen nach Bad Salzungen

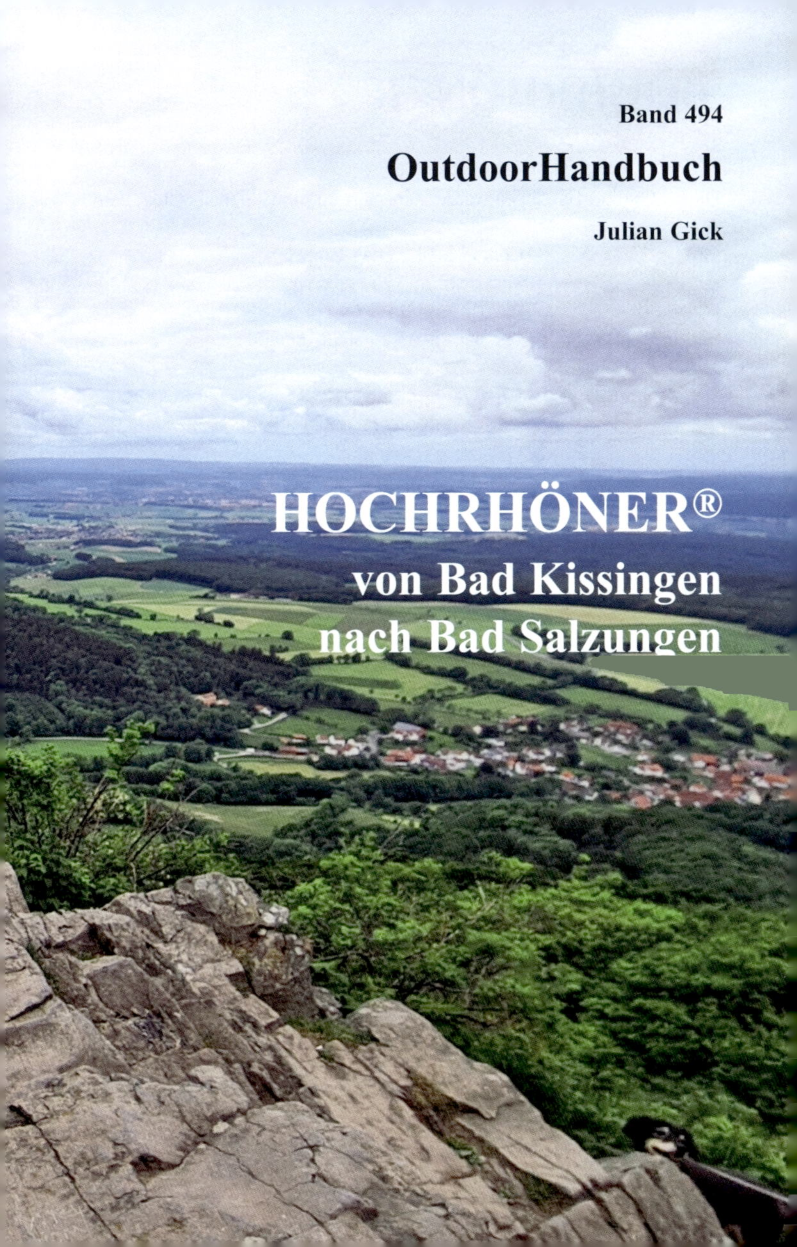

HOCHRHÖNER®

Dieses OutdoorHandbuch wurde konzipiert und redaktionell erstellt vom:

Conrad Stein Verlag GmbH
Kiefernstr. 6, 59514 Welver
☏ 023 84/96 39 12
info@conrad-stein-verlag.de
www.conrad-stein-verlag.de
www.facebook.com/outdoorverlag
www.instagram.com/outdoorverlag

Klimaneutral
Druckprodukt
ClimatePartner.com/53106-2303-1006

Als Outdoor-Verlag sind uns der Schutz und die Erhaltung der Natur seit jeher ein besonderes Anliegen. Auch in Sachen Klimaschutz haben wir eine Vorreiterrolle inne: Wir sind der einzige Buchverlag in Deutschland, der bereits seit 2008 seine Bücher konsequent klimaneutral in Deutschland produzieren und transportieren lässt. Dabei wird nicht nur klimaneutral, sondern auch nachhaltig, d. h. so umweltschonend wie möglich produziert, z. B. durch die Auswahl von umweltfreundlichen Materialien. Die bei der Produktion der Bücher entstandenen CO_2-Emissionen werden durch die Unterstützung von zertifizierten Klimaschutzprojekten ausgeglichen. Jedes Buch wird daher mit dem Logo „klimaneutral" und einer ClimatePartner-Zertifikatsnummer versehen. Mithilfe dieser Nummer können Sie unter www.climatepartner.com Informationen zu der eingesparten CO_2-Menge und dem Projekt finden, das mit der Abgabe gefördert wird.

Das Engagement des Conrad Stein Verlags wurde im Rahmen des Projekts „Klimaneutraler Buchverlag" mit dem Westenergie Klimaschutzpreis 2022 ausgezeichnet.

OutdoorHandbuch Band 494

ISBN 978-3-86686-783-3 1. Auflage 2023

Text und Fotos: Julian Gick
Karten: Manuela Dastig
Lektorat: Anna-Lena Ebner
Layout: Alexandra Sauerland und Manuela Dastig

Gesamtherstellung: AZ Druck und Datentechnik GmbH, Kempten

Dieses OutdoorHandbuch hat 160 Seiten mit 45 farbigen Abbildungen sowie 12 farbigen Kartenskizzen im Maßstab 1:100.000, 12 farbigen Höhenprofilen, 2 farbigen Stadtplänen im Maßstab 1:15.000 und einer farbigen, ausklappbaren Übersichtskarte.

Autor und Verlag freuen sich über Ihr Feedback. Schreiben Sie Ihre Tipps und Verbesserungen an info@conrad-stein-verlag.de oder nutzen Sie unsere Social-Media-Kanäle. Bitte nennen Sie dabei Titel, Auflage und Seitennummer.

Titelfoto: Abendstimmung auf der Abtsrodaer Kuppe, Etappe 4

Inhalt

☺ Eine **Übersichtskarte** des Weges, **Autorenprofil** sowie eine Liste aller verwendeten **Symbole** in diesem Buch finden Sie auf den vorderen und hinteren Umschlagseiten bzw. -klappen.

Vorwort

Die Rhön – eines der großen deutschen Mittelgebirge, das im nationalen Wandertourismus lange Zeit in Vergessenheit geraten war. Verständlich, galt die Rhön doch als Armenhaus Deutschlands, gar als Sibirien Bayerns, und lag noch im letzten Jahrhundert am Rande der Welt. Nun rückt das Gebirge mit seiner rauen und wildromantischen Unberührtheit und den sagenhaften Offenlandschaften immer mehr zurück in den Fokus der Wanderbegeisterten. Sein ehemals entlegenes Dasein in Verbindung mit den unwirtlichen, kargen Bedingungen der Hochrhön verschonte das Gebirge von einer industriellen Überprägung und bescherte ihm eine Naturbelassenheit, wie sie heute im Herzen Deutschlands kaum mehr zu finden ist. Die Rhön ist Sehnsuchtsort für ausgedehnte, einsame Wanderungen über entlegene Bergwiesen, durch ursprüngliche, authentische Dorflandschaften und zu rustikal-urigen Berghütten geworden.

In der Rhön sind Sie einsam in und mit der Natur. Anders als in den meisten Mittelgebirgen Deutschlands finden Sie nicht bloß ausgedehnte Wälder. Die Rhön bietet Ihnen einen landschaftlichen Abwechslungsreichtum, der seinesgleichen sucht: botanisch wertvolle Bergwiesen, trockene und sonnenverwöhnte Kalkmagerrasen, tiefe Buchenurwälder, verwunschene Hochmoore, schroffe Felskuppen und kühle Basaltblockmeere, sanfte Gebirgsbäche sowie artenreiche Streuobstwiesen: Das Mittelgebirge ist einer der 30 deutschen Hotspots für Biodiversität. Was die Rhön so einzigartig macht, ist das herzöffnende Erlebnis, wenn sich nach einem langen Aufstieg über saftige Bergwiesen allmählich die Landschaft vor Ihnen weitet und Sie einen Blick ins Land haben und am Horizont bereits das nächste Gebirge aufschimmert. Im Land der offenen Fernen haben Sie neben bewaldeten vor allem offene Berggipfel mit grandiosen Ausblicken in die helle Weite.

Im Spannungsfeld der drei Bundesländer Bayern, Hessen und Thüringen konnte sich auch eine einzigartige, wenn auch von Macht und Religion überprägte Kultur etablieren. Zahlreiche Klöster und die ein oder andere Burg(-ruine) liegen daher auf dem knapp 180 km langen HOCHRHÖNER®. Dass die Rhön eine derart ausgeprägte Wanderkultur besitzt, liegt an dem bereits im Jahr 1876 gegründeten Rhönklub. So finden Sie auch abseits des HOCHRHÖNERS® ein Eldorado für Wandernde und können ganz nach dem alpinen Vorbild von rustikaler Berghütte zu Berghütte wandern. Gerade durch die Wiedervereinigung Deutschlands und der damit einhergehenden Gründung des UNESCO-Biosphärenreservates ist die Rhön zu einem fantastischen Gesamtpaket für Naturbegeisterte und

Entschleunigungssuchende herangewachsen. In der gesamten Rhön finden Sie einen Dreiklang aus landschaftlichem Reichtum, spannungsvoller Kulturhistorie und einer modern interpretierten, regional geprägten Spitzenküche vor.

Das alles erwartet Sie auf einem der schönsten Weitwanderwege Deutschlands. Begleiten Sie mich also durch eine eigentümliche Mittelgebirgslandschaft, die Sie vorher wohlmöglich noch nicht einmal kannten und anschließend nicht mehr vergessen werden.

Frisch auf und viel Freude,
Julian Gick

Haben Sie Anregungen oder Vorschläge? Dann schreiben Sie mir eine Mail an:
wandern.gick@posteo.de

Hinweise

Die Covid-19-Pandemie wie auch die globalen und wirtschaftlichen Unsicherheiten führten und führen deutschlandweit zu zahlreichen Umstrukturierungen bis hin zur Ausdünnung der Beherbergungsinfrastruktur und der gastronomischen Branche. Davon blieb auch die Rhön nicht verschont. Infolgedessen möchte ich allen voran preissensible Wandernde ermutigen, sich im Vorfeld über die entsprechenden Konditionen zu informieren.

Allgemeines zum HOCHRHÖNER®

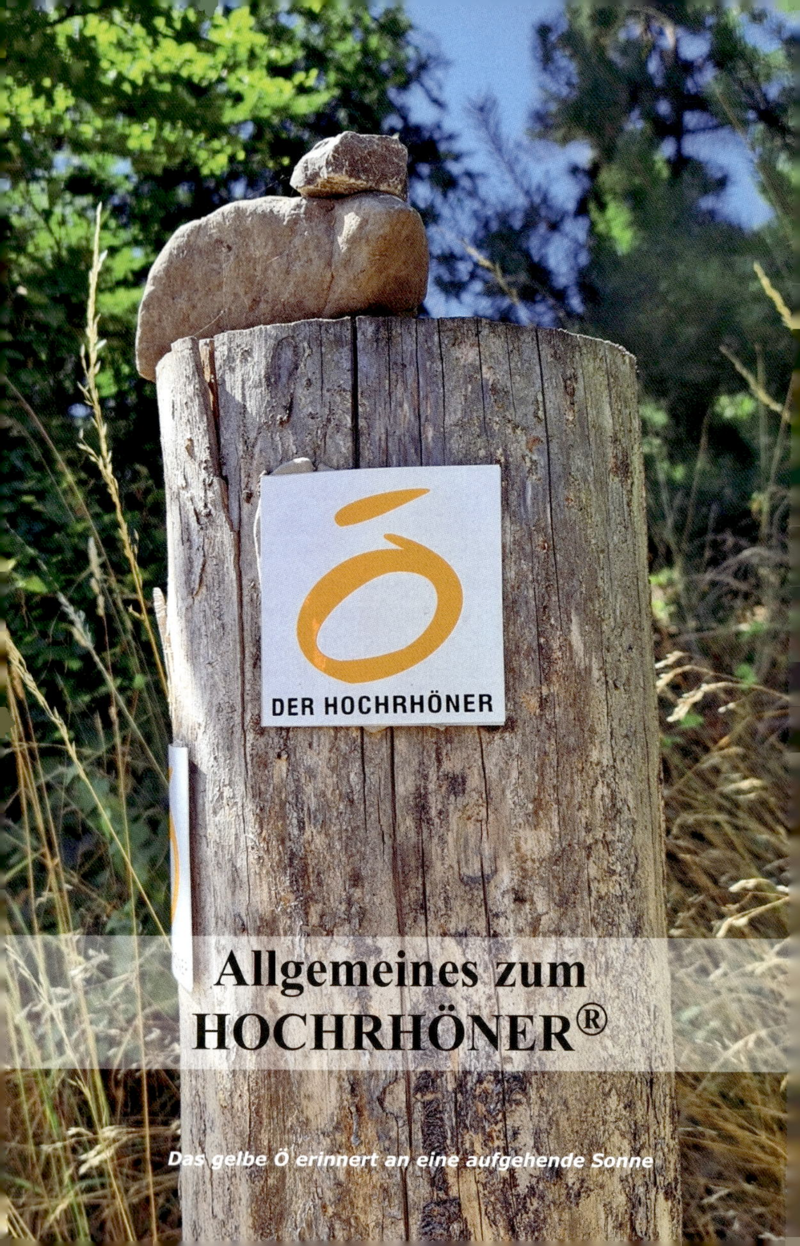

Das gelbe Ö erinnert an eine aufgehende Sonne

Der HOCHRHÖNER® ist ein vom Deutschen Wanderinstitut zertifizierter Weitwanderweg, der im Jahr 2010 vom Wandermagazin zum schönsten Weitwanderweg Deutschlands ausgezeichnet wurde. Der Premiumweg umfasst insgesamt 172 markierte Kilometer Wegstrecke und verbindet den Bayerischen UNESCO-Weltkulturerbe-Kurort Bad Kissingen mit dem thüringischen Kurort Bad Salzungen. Der Weg verläuft repräsentativ entlang der Nord-Süd-Ausdehnung des Mittelgebirges und ist Aushängeschild der Region.

Da im Herzen der Rhön zwei sehr unterschiedliche topografische Bedingungen vorherrschen, jede aber für sich ein besonderes Wandererlebnis darstellt, wurden zwei Wegevarianten entwickelt. Die Variante Kuppenrhön (138,6 km) führt, wie der Name schon Preis gibt, über die topografisch anspruchsvolleren Berge der vor allem hessischen Westrhön, während die östliche Variante (136,3 km) über eine Hochebene, auch Lange Rhön genannt, verläuft. Eine dritte Möglichkeit, die Rhön über den prämierten HOCHRHÖNER® kennenzulernen, ist es, die beiden Varianten als inneren Ring, der sogenannten Hochrhönrunde (101,3 km), zu verbinden.

Ergänzt wird der HOCHRHÖNER® durch 34 zertifizierte Extratouren, die durch landschaftlich reizvolle Teilregionen führen und an einem Tag zu bewältigen sind. Damit wird dem Ziel Rechnung getragen, dass man die Rhön mit all seinem Facettenreichtum kennenlernen kann. Die Tagestouren haben einen Umfang von 6,5 km bis hin zu mehr als 20 km und werden in die Stufen leicht, mittel und schwer unterteilt. Liegt einer dieser Tagestouren am Wegesrand des HOCHRHÖNERS®, wird entsprechend darauf verwiesen. So haben Sie die Möglichkeit, Ihren Aufenthalt um einige attraktive Berghighlights zu erweitern.

Etappenübersicht

In dem Wanderführer ist die Hauptroute des HOCHRHÖNERS® über die westliche Kuppenrhön, aber auch die östliche Variante über die Lange Rhön beschrieben. Beide Varianten lassen sich auch zu der mehrtägigen Hochrhönrunde verbinden. Diese dritte Variante wird zusätzlich am Ende des Buches kurz umrissen.

Der HOCHRHÖNER® (Kuppenvariante)

Etappe 1-8

Die Hauptroute über die Kuppenrhön verläuft in acht Tagesetappen von Bad Kissingen nach Bad Salzungen.

Ob Sie den HOCHRHÖNER® vom Süden aus nach Norden oder in umgekehrte Richtung wandern, bleibt Ihnen überlassen. Da Sie aber in Bad Salzungen fast stündlich Anschluss an Eisenach mit dem Fernverkehr haben, sind Sie dort bei einer schwer zu planenden Ankunft am Ende der Wanderung deutlich flexibler.

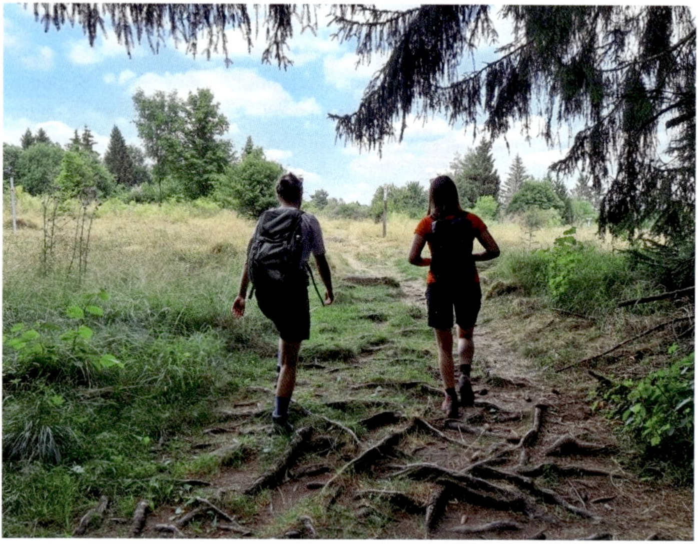

Die Rhön bietet einen perfekten Wechsel aus Waldreichtum und sagenhaften Offenlandschaften

Die **erste Etappe von Bad Kissingen aus** ist so angelegt, dass Sie morgens bequem in der Kurstadt ankommen und sogar noch die kurze erste Etappe erwandern können. Ein einfacher und gemütlicher Start in die Natur also, selbst wenn Sie erst zur Mittagszeit den HOCHRHÖNER® beginnen möchten. Es spricht also vieles dafür, die Wanderung im Süden zu beginnen und gen Norden zu wandern. Der Start in Bad Kissingen ist kurz, sehr einfach und kann eher zum Warmwerden für die anschließenden Tage angesehen werden. Am **zweiten Tag** schon steigen Sie in die Hochrhön auf. Die Etappe endet in der Klosteranlage des Franziskanerordens auf dem heiligen Berg der Franken, dem Kreuzberg. Die **dritte Etappe** verläuft vollkommen über die Hochrhön. Sie verlassen nun nicht mal mehr die 600 Höhenmetermarke und wandern zunächst über reichhaltige Bergwiesen zum Himmeldunkberg und der Hohen Hölle und später immer weiter herauf zum höchsten Berg der Rhön, der Wasserkuppe. Am **vierten Tag** überwandern Sie mit der Milseburg die Perle der Rhön – einen der schönsten Berge der Region. Der **fünfte Tag** kann entspannt angegangen werden. Setzen Sie sich selbst das Highlight mit einem Abstecher auf den Rößberg, einen der schönsten Aussichtspunkte Südthüringens. Mit der Überquerung des Gläserberges wandern Sie auf der **sechsten Etappe** zu einer der romantischsten Berghütten des Mittelgebirges; belohnt werden Sie vor allem mit einem Panoramaausblick. Der **siebte Tag** ist gut gefüllt mit tollen Landschaftswechseln. Insbesondere die Durchquerung des Ibengartens und der Wiesenthaler Schweiz machen den Wandertag zu einem Erlebnis. Der **achte Tag** führt Sie überwiegend durch bewaldete Abschnitte. Spürbar wird, dass Sie sich dem Thüringer Wald nähern.

Der HOCHRHÖNER® (Variante Lange Rhön)

Etappe 1-2; 3.1-6.1 sowie Etappe 7-8

Die ersten beiden Etappen sind identisch mit denen der oben beschriebenen Hauptroute. Am **dritten Tag** zweigt die Variante Lange Rhön kurz vor dem Roten Moor nach rechts ab und endet wenig später am bewaldeten Jagdschloss Holzberghof unterhalb des Heidelsteins. Am **vierten Tag** wandern Sie über den Balkon der Langen Rhön und unterschreiten nun nicht mal mehr die 700 Höhenmetermarke. Der **fünfte Tag knüpft** dort an und führt Sie über den Ellenbogen in die Thüringische Rhön. Danach folgt der Abstieg nach Kaltennordheim. Von dort aus wandern Sie am **sechsten Tag** über den Horbel nach Andenhausen, wo die zwei Varianten des HOCHRHÖNERS® wieder zusammenlaufen. Weiter geht es über den Gläserberg nach Dermbach. Die letzten beiden Etappen sind wieder identisch zu der Hauptroute.

Der HOCHRHÖNER® (Variante Hochrhönrunde)

Teiletappe 6 und 6.1; 5.1; 4.1 und Teiletappe 3.1 sowie Teiletappe 3 und Etappe 4-5 (6 Wandertage)

Aufgrund der guten Verbindung starten Sie die Hochrhönrunde am besten über Fulda kommend in Tann. Von dort aus verläuft die **erste Etappe** nach Kaltennordheim. Die **zweite Etappe** führt Sie durch die thüringische Rhön nach Birx. Über den Balkon der Langen Rhön wandern Sie an **Tag drei** zum Jagdschloss Holzberghof. An **Tag vier** steigen Sie hoch zur Wasserkuppe auf. Von der Wasserkuppe führt Sie der Weg über die Milseburg an **Tag fünf** nach Gotthards und abschließend an **Tag sechs** zurück nach Tann.

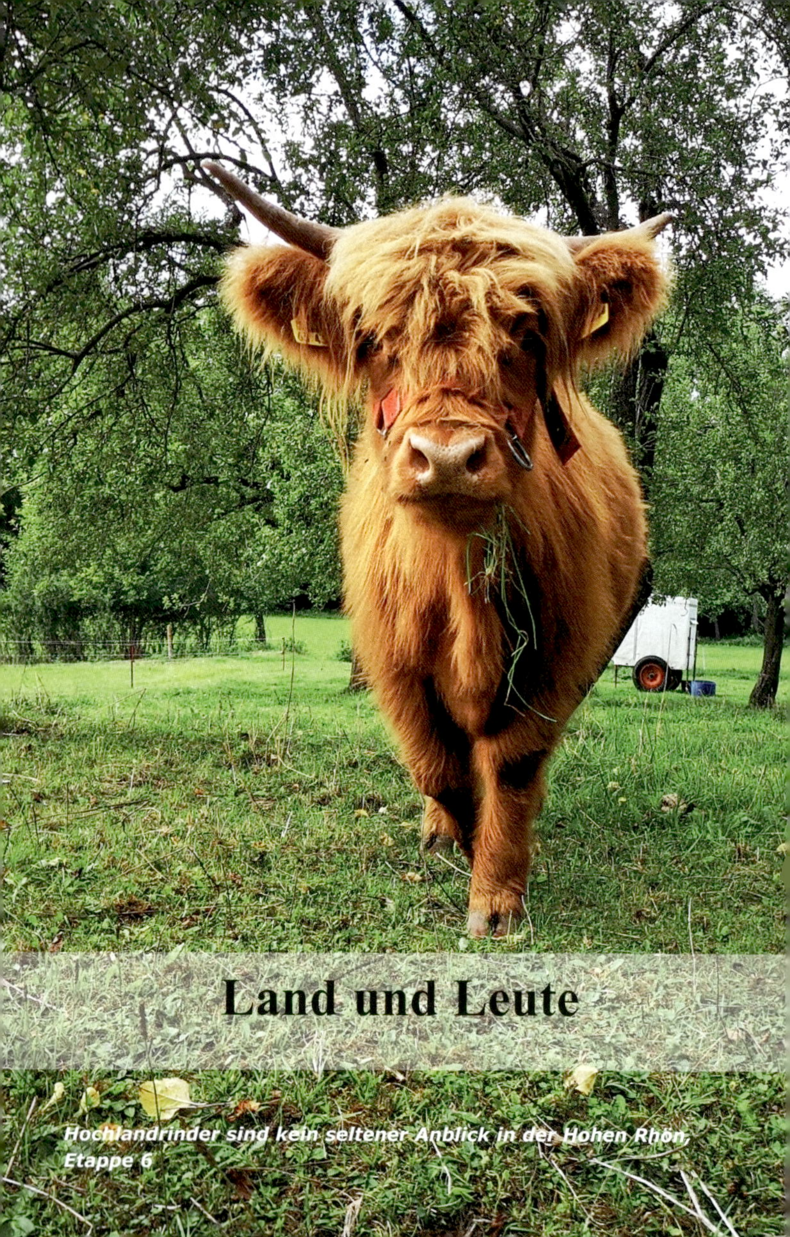

Land und Leute

Hochlandrinder sind kein seltener Anblick in der Hohen Rhön, Etappe 6

Landschaft

Die Rhön ist ein Mittelgebirge mit Nord-Süd-Ausdehnung und einer ungefähren Fläche von 5.600 km². Die exakte Flächengröße ist jedoch schwer zu bestimmen und schwankt je nach Quellenangaben stark. Das im Jahr 1990 eingerichtete UNESCO-Biosphärenreservat deckt nur einen Teil der Rhön ab, bemisst aber bereits die Fläche von rund 2.500 km². Landschaftlich eingeteilt wird die Rhön in Hochrhön und Kuppenrhön sowie weiteren feineren Untergliederung wie etwa Schwarze Berge, Lange Rhön oder Milseburger Kuppenrhön. Die Hochrhön, oder auch Hohe Rhön, umfasst die zentralen Erhebungen, aus denen sich die höchsten Berge des Mittelgebirges erheben. Vor allem wenn Sie sich für die Westvariante des Weitwanderweges entscheiden, besuchen Sie den höchsten Berg der Rhön wie auch den höchste Berg Hessens: die Wasserkuppe mit knapp unter 1.000 Höhenmetern, aber auch den Kreuzberg mit 928 m, die Abtsrodaer Kuppe mit 905 m und die Milseburg mit ihren 835 m. Die Lange Rhön als Ostteil der Hochrhön bezieht sich vor allem auf ein zentrales, verhältnismäßig topografiearmes Hochplateau, das die 600 Höhenmeter selten unterschreitet. Hier sind unter anderem der Heidelstein mit 925 m und der Ellenbogen mit 813 m vorzufinden.

Die auf keltische Stämme zurückzuführende ursprüngliche Bezeichnung der Mittelgebirgslandschaft war Buchonia. Ursächlich dafür ist die deutliche Gebirgsprägung mit Buchenwäldern bis um die erste Jahrtausendwende. Erst mit der anknüpfenden Rodungsphase, die bis ins 15. Jahrhundert andauerte, wurden die heute bekannten Offenlandschaften sukzessive hergestellt. Das in der Rodungszeit die Rhön auch zunehmend besiedelt wurde, lässt sich noch an den Ortsnamen wie Frauenroth, Abtsroda und Rothemann ablesen. Mitunter begründeten die kargen und unwirtlichen Bedingungen der Hochrhön die Holz- und anschließende Weidenutzung der Bergkuppen. Für den großflächigen Anbau von Weizen oder anderen Getreidearten war die Vegetationsperiode in den Höhenlagen dennoch schlichtweg zu kurz – entsprechende Ackerfrüchte konnten in der geringen Sommerzeit auf den nährstoffarmen Böden nicht ausreichend gedeihen. Erst mit dem weiter ansteigenden Holzbedarf und der fortlaufenden Abnahme des Waldes in dem Mittelgebirge wurden Weideflächen wieder vermehrt zurückgeführt und mit meist standortfremden Fichten aufgeforstet. Die nicht aufgeforsteten Offenlandschaften mussten folglich intensiver genutzt werden. Wie die Rhön schließlich die ursprüngliche Bezeichnung Buchonia verlor, ist damit hinreichend geklärt, wie sie jedoch zu ihrem jetzigen Namen kam, darüber wird ausgiebig spekuliert. Vermutungen zufolge leitet sich Rhön vom germanischen „Rinn“, also Berg, ab.

Trotz einiger Aufforstungsbemühungen ist die Rhön bis heute primär Offenlandschaft und wird daher touristisch als „Land der offenen Fernen" vermarktet. Die hohe und kleinteilige Nutzungsvielfalt der Rhöner Flächen führte zu einem Reichtum an Landschaftswechseln, die Grund für ein überdurchschnittliches Artenvorkommen in der Mittelgebirgslandschaft sind. Sie durchwandern vor allem reizvolle, aber auch raue Bergwiesen, an deren einzelnen knorrigen Bäume der ungehemmt wehende Wind abzulesen ist. Oft wird der Rhön daher ein voralpenländlicher Charakter zugeschrieben. Das landschaftliche Potpourri fängt bei Trollblumen-Feuchtwiesen und Orchideen-Buchen-Wäldern an und geht über Kalkmagerrasen bis hin zu Basaltblockhalden und Linden-Ahorn-Schluchtwäldern. Insbesondere die artenreichen Berg-Mähwiesen mit ihren floralen Tupfern aus Waldstorchschnabel, Küchenschelle und Türkenbundlilie stellen wunderbare Highlights jeder Wanderung dar. Auf den sensiblen Flächen finden sich zahlreiche geschützte Arten wie Silberdistel, Kleines Knabenkraut und Pfingstnelke wieder. Infolgedessen trägt die Rhön eine hohe Verantwortung für zahlreiche bedrohte und selten gewordene Tier-, Pflanzen- und Insektenarten, darunter sind allen voran das Birkhuhn, der prächtige Rotmilan, aber auch Wildkatzen und Bergmolche zu nennen. Ebenso gibt es in der Rhön endemische Arten, die nur hier ein kleines Vorkommen haben, so bspw. die Rhönquellschnecke. Es ist daher von zentraler Bedeutung, dass Wandernde die Rhön als sensible Landschaft auffassen, die es mit besonderer Achtung zu durchwandern gilt.

Vom Armenhaus Deutschlands zum touristischen Rohdiamanten

Die Rhön galt bis ins 20. Jahrhundert als schwer erreichbare, abgelegene und raue Gegend. Der hiesige Wanderverein, der Rhönklub, erkannte das wildromantische und urwüchsige Potenzial für den Tourismus und erschloss in den Folgejahren sukzessive die Hochrhön durch Infrastrukturen wie Wanderwege, Verkehrswege und Berghütten. Auf seine Initiative wurde die Rhön im Gleichschritt mit der touristischen Nutzung erstmalig auch mit einem Eisenbahnnetz versehen (das es heute leider nicht mehr in dieser Ausprägung gibt). Nun folgte auch der Durchbruch der Rhön als Wintersportzentrum. Ausgedehnte und unbewaldete Berghänge begünstigten den Ski- und Rodelsport. So findet sich noch heute an fast jedem bedeutsamen Berg ein (ehemaliges) Skigebiet. Steigende Aufmerksamkeit bekam das Mittelgebirge ab der Erfindung des Segelfluges – Pioniere erkannten die großen Vorteile der offenen und windreichen Kuppen der Rhön und stellten insbesondere an der Wasserkuppe zahlreiche Segelflugrekorde auf. Touristisch gerahmt wird das Gebirge durch die Kurstädte Bad Kissingen und Bad Salzungen sowie die Barockstadt Fulda in den westlichen Ausläufern der Rhön.

Die Rhön im Spannungsfeld der Konfrontationen

Die wechselvollen Herrschaftsverhältnisse der Rhön lassen sich derweil noch an der Aufteilung der Mittelgebirgslandschaft in Bayern, Hessen und Thüringen erahnen. Bedeutend geprägt oder gar überprägt wurde die Landschaft insbesondere durch die religiösen und politischen Kräfte der fuldischen, würzburgischen und hennebergischen Herrscher, aber auch durch einige kleine Adelgeschlechter. Gerade die autonomen Bistümer Fulda und Würzburg betrachteten die dazwischenliegende Rhön als Austragungsort ihrer Konfrontationen inklusive ständiger Grenzverschiebungen. Die Auseinandersetzungen der Landesherrschaften rührten in ihren Anstrengungen, den eigenen Kanton zu erweitern, um Burgen, Schlösser und Kirchen zu bauen und schlussendlich die abgelegensten Gebiete der Rhön zu besiedeln. Aus touristischer Sicht ist das historische Dilemma als großes Glück zu werten. Kulturhistorisch lassen sich durch die spannungsgeladene Zeit zahllose prestigevolle und einprägsame Bauzeugen besichtigen. Und auch die eine oder andere Anekdote hat jede Rhönerin und jeder Rhöner über die wechselvolle Vergangenheit auf Lager. Befragen Sie doch mal jemanden aus Fladungen zu dem Maulaffenturm.

Nochmals brisant wurde das Leben in der Rhön zu Zeiten des Kalten Krieges. Denn die Rhön, geschichtlich inzwischen als Fulda Gap bekannt, sollte im Falle einer Ost-West-Konfrontation Handlungsort des Dritten Weltkrieges sein, so die Vermutung. Ursächlich dafür ist die Ausdehnung der ehemaligen DDR, die an der Schnittstelle von Bayern und Hessen besonders tief in die BRD reinragte. Der touristischen Beliebtheit der idyllischen Rhön gab der eiserne Vorhang einen Bruch – denn die innerdeutsche Teilung führte dazu, dass die Rhön nun nicht mehr im grünen Herzen Deutschlands, sondern am Rande zweier Welten lag. Erst mit der Wiedervereinigung Deutschlands und der Errichtung eines länderübergreifenden UNESCO-Biosphärenreservates in den 1990er-Jahren wurde das Verständnis einer einheitlichen Rhön allmählich zur Selbstverständlichkeit. Durch die Ausrichtung des UNESCO-Biosphärenreservates als Region, die Mensch und Natur in den Einklang bringt, konnte sich die Rhön erstmalig in der spannungsvollen Geschichte als Einheit entwickeln.

Reise Infos von A bis Z

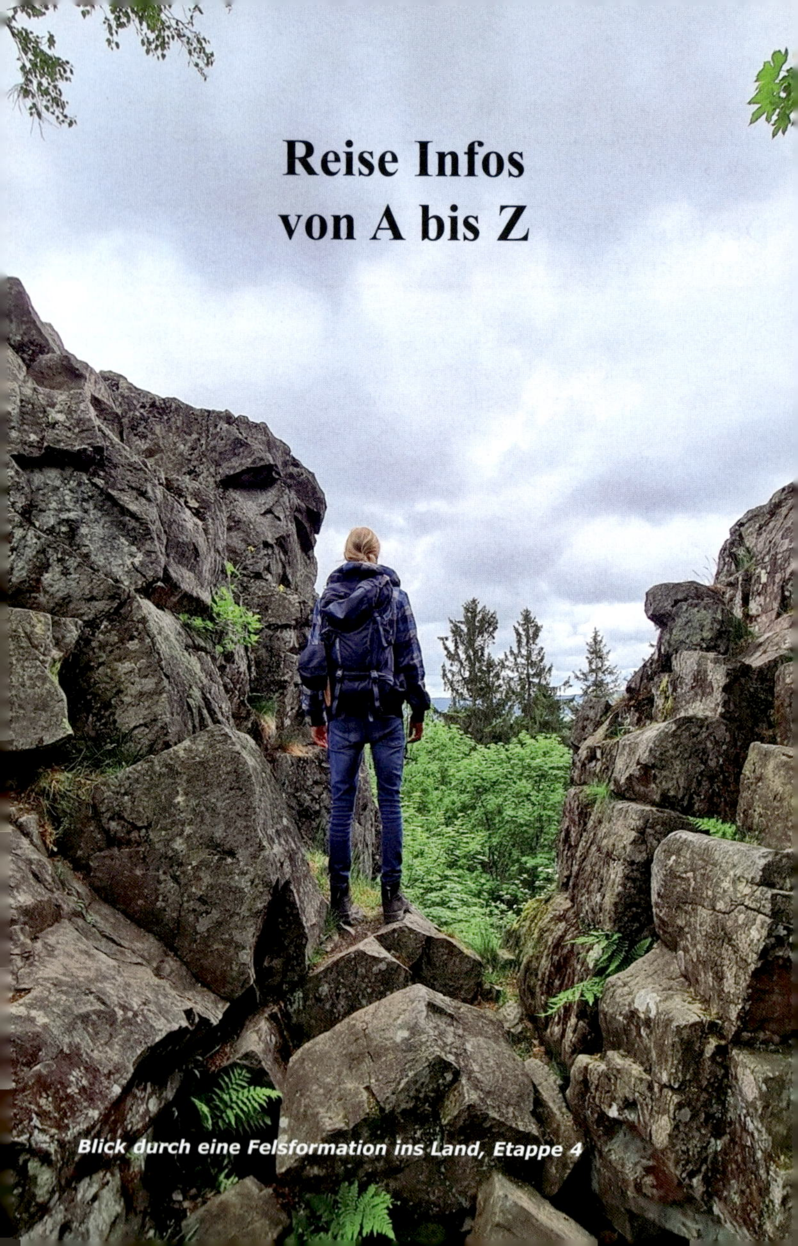

Blick durch eine Felsformation ins Land, Etappe 4

An- und Abreise

Anreise mit der Bahn

Da die beiden Ausgangspunkte des HOCHRHÖNERS®, Bad Salzungen im Norden und Bad Kissingen im Süden, mit der Bahn praktisch erreichbar sind, lohnt sich die schienengebundene Anreise. Beide Ausgangspunkte sind mit dem Fernverkehr über Eisenach oder Würzburg aus allen Himmelsrichtungen des Landes gut anzufahren.

Bad Kissingen lässt sich über Würzburg erreichen. Würzburg ist an die hervorragende Nord-Süd-Fernverkehrsachse der Deutschen Bahn Hamburg – München nahezu in einer halbstündlichen Taktung angebunden. Die Weiterfahrt von Würzburg nach Bad Kissingen erfolgt umstiegsfrei alle zwei Stunden mit dem RE 57.

Bad Salzungen ist über das thüringische Eisenach zu erreichen. Bis nach Eisenach besteht Anschluss an den Fernverkehr. Die direkte Weiterfahrt von dort nach Bad Salzungen erfolgt stündlich mit dem RE 41.

Wer die innere Hochrhönrunde erwandert, reist am besten mit dem Fernverkehr der Deutschen Bahn oder Flixtrain nach Fulda und von dort aus entweder weiter mit der wochentags stündlich fahrenden Buslinie 20 nach Tann oder mit der Buslinie 35 direkt auf die Wasserkuppe.

☺ Planen Sie die Anreise rechtzeitig im Voraus, können Sie von den Frühbucherangeboten der Deutschen Bahn profitieren. Zur Reiseplanung empfiehlt sich der DB-Navigator als App für das Smartphone oder die Homepage der Deutschen Bahn.

💻 www.bahn.de

Anreise mit dem Bus

Die nahe gelegenen Städte Eisenach und Würzburg, aber auch Fulda werden aus vielen Städten Deutschlands mit dem Fernbus angefahren. Von dort führen die genannten Regionalbahnen und Busse zu den Ausgangspunkten in Bad Kissingen, Bad Salzungen oder Tann.

💻 www.busliniensuche.de

Anreise mit dem Pkw

Wer nicht die Hochrhönrunde wandert, sondern den gesamten Weg in seiner Nord-Süd-Ausdehnung geht, sollte auf die Anfahrt mit dem Auto verzichten, denn im Anschluss der Wanderung muss eine umständliche Reise zurück zum Ausgangspunkt auf sich genommen werden, da keine Direktverbindungen zwischen den beiden Kurorten besteht. Dennoch ist Bad Kissingen aufgrund seiner Lage auch mit dem Pkw gut erreichbar. Insbesondere über die A7, Ausfahrt Bad Kissingen/Oberthulba, macht die Anfahrt aus nördlicher oder südlicher Richtung Sinn. Beginnen Sie Ihre Wanderung in Bad Salzungen, können Sie, je nachdem aus welcher Richtung Sie kommen, die Anfahrt über die A4 und über Eisenach wählen und der B19 Richtung Bad Salzungen folgen.

Wer sich für die Hochrhönrunde entscheidet, kann über die A7 an der Abfahrt Fulda die Bundesstraße nach Tann nehmen und dort kostenlos einige Tage parken. Parkmöglichkeiten dazu bestehen in der Schulstraße, am Pfortengarten, am Geriethpark, Rosenweg – Ecke Alter Weg und am Seitenstreifen im Nordwesten der kleinen Stadt.

Ausrüstung

Für die Wanderung auf dem HOCHRHÖNER® genügt eine normale Wanderausrüstung. In den Sommermonaten bietet sich das bewährte Zwiebelprinzip an. Da die Rhön eine niederschlagsreiche Gegend ist, empfiehlt sich wasserfestes, knöchelhohes Schuhwerk, Regenjacke sowie Regenhose und einen Schutz für den Rucksack. Einen Hüttenschlafsack braucht nur, wer in den wenigen spartanischen Hütten des Rhönklubs unterkommen möchte. Auf ein Zelt kann verzichtet werden, da kaum ausgewiesene Campingmöglichkeiten in Nähe des Weitwanderweges bestehen. Wildcampen hingegen ist in Deutschland untersagt. Der Rucksack sollte je nach gewünschtem Komfort die entsprechende Größe aufweisen. Normalerweise genügt aber ein 30- bis 40-Liter-Rucksack. Die Unterkünfte bieten alle Annehmlichkeiten, sodass auf unnötige Ausrüstung verzichtet werden kann und sollte.

Der HOCHRHÖNER® ist das ganze Jahr über wanderbar. Zwar ist auch in den letzten Jahren ein nachlassender Winter spürbar, es kann aber ab Oktober bis in den späten April zu Nachtfrost und Schneefällen kommen. Da die Hochrhön auch in den frostigen Monaten eine reizvolle Wanderregion ist, sollten Sie zu dieser Zeit für die kahlen und windigen Kuppen Schal, Mütze sowie ausreichend Funktionskleidung parat haben. Für gewöhnlich bietet sich auch hier das Zwiebelprinzip, nur um einige wärmere Schichten ergänzt, an.

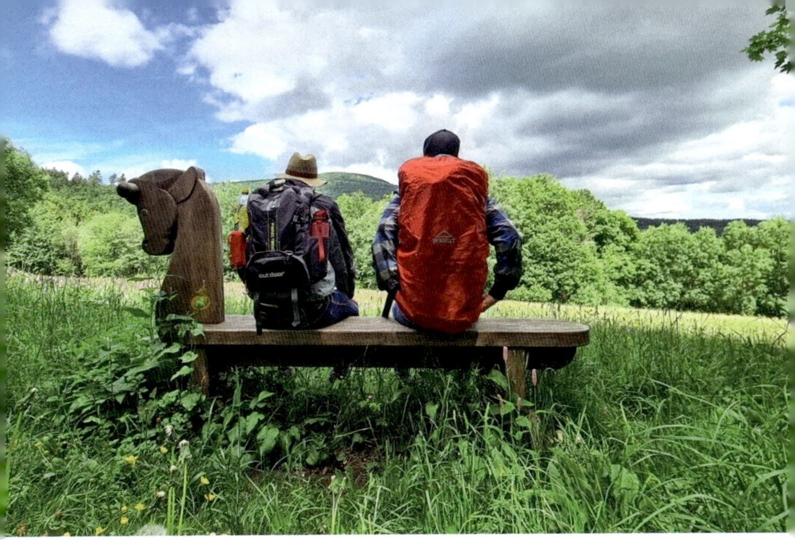

Die Wahl des richtigen Rucksacks ist wichtig

Wie bei allen längeren Wanderungen sollte eine vollständige Reiseapotheke mitgeführt werden. Da die Rhön im Risikogebiet für FSME liegt, sollten Sie an eine Zeckenzange und besser noch an eine frühzeitige Impfung denken (☞ Gesundheit). Anders als die meisten deutschen Mittelgebirge ist die Rhön an den höchsten Stellen unbewaldet, daher ist Sonnencreme sowie eine Kopfbedeckung ein Muss in jedem Wandergepäck.

Einkaufen

Der HOCHRHÖNER® führt zwar immer wieder durch kleinere Ortschaften, allerdings befinden sich nur in wenigen Fällen auch Einkaufsmöglichkeiten in Nähe des Weges. Es sollte daher für die Mittagszeit ein wenig Proviant mitgebracht werden, das für ungefähr zwei bis drei Tage auskömmlich ist. Frühstück ist bei vielen Unterkünften inbegriffen und auch an Einkehroptionen am Abend mangelt es nicht. Die wenigsten Unterkünfte bieten Vesperpakete für unterwegs an, aber wer nett fragt, darf sich hier und da sicherlich ein wenig vom Frühstückstisch einpacken. Frisches Trinkwasser kann morgens in der Unterkunft aufgefüllt werden und muss nur für die vorliegende Tagesetappe reichen. Hier sollten Sie also mit ungefähr drei Liter pro Tag rechnen. Durch die verbreitete Kulturlandschaft in der Rhön empfiehlt es sich nur bei den wenigsten Quellen, Wasser zu entnehmen.

Elektrizität

Selbst in der rustikalsten Berghütte können elektronische Geräte problemlos geladen werden. Wer das extra Gewicht nicht scheut, kann sich zusätzlich eine Powerbank mitbringen.

Essen und Trinken

Die Rhön hat sich in den letzten Jahren zu einer regional geprägten Spitzenküche gemausert. In den noch so abgelegensten Gasthäusern lässt es sich hervorragend, zu fairen Preisen und oftmals regional wie auch biologisch speisen. Grund dafür ist das Netzwerk Dachmarke Rhön, das seit rund zwei Jahrzehnten Gastronominnen und Gastronomen auszeichnet, die sich dem besonders hochwertigen und regionalen Einsatz von Lebensmittel verpflichten. Erkennungsmerkmal der Güte sind zwischen eine und drei Silberdisteln an den Eingängen der Restaurants. Die Spannweite der Küche und der Gaststuben reichen von einfacher und nahrhafter rustikaler Kost bis hin zu deren modernen Interpretationen. Ein gutes Restaurant nur anhand der Außenfassade und der Stube zu bewerten, greift in der Rhön daher oftmals zu kurz. Da aber die meisten Gastronomien in Netzwerken organisiert sind, helfen hier die Prädikate an der Eingangstür.

💻 www.marktplatzrhoen.de und www.rhoener-charme.de

In der Rhön gehören eine Vielzahl von Kartoffelgerichten zur traditionellen Ernährung, so auch die Zamette – eine Art Kartoffelbrei, der in Stückchen gerupft angebraten wird. Aber auch Fleischgenießerinnen und -genießer kommen mit den zahlreichen Lammvariationen und den frisch gefangenen Rhönforellen im Wildkräuterbett auf ihre Genusskosten. Wer rustikales Fleisch nicht scheut, ist mit dem Schwartemagen, einem mit fettigem Fleisch gefüllten Magen, gut beraten. Zum absoluten Pflichtprogramm gehört der traditionelle Zwibbelsploatz, eine rustikale und kümmelreiche Art des Flammkuchens, der mit einem kühlen, regional gebrauten Bier genossen werden sollte. Auch vegetarische Kost ist den Menschen in der Rhön nicht fremd, vor allem Spatzeklös, eine einfache Teigspeise, oder Käsespätzle werden angeboten. Im Nachgang lässt man es sich dann mit Äppelkrömbel mit Äpfeln von der umliegenden Streuobstwiese und einem Hagebutten- oder Kümmelschnaps gut gehen. Zum Frühstück gehört klassischerweise ein Bauernbrot mit einer Spur Kümmel für die richtige Würze. Richtige Rhönerinnen und Rhöner scheuen sich nicht, Kümmelbrot mit Marmelade oder Schokocreme zu verspeisen.

Geld

Die Versorgung mit Geldautomaten in den kleineren Ortschaften ist in den letzten Jahren lückiger geworden. Die Kartenzahlung ist aber inzwischen in vielen Unterkünften gängig. Wer auf Nummer sicher gehen möchte, nimmt ein Viertel der geplanten Reisekosten in Bar mit. Übernachten Sie eher in kleinstrukturierten und privaten Unterkünften, müssen Sie jedoch etwas mehr Bargeld mit sich führen. Als Anhaltspunkt kann pro Tag mit Frühstück und Abendessen sowie einfacher Unterkunft mit rund € 50 pro Person gerechnet werden.

Gepäcktransport

Wer gerne ohne Rucksack reisen möchte, findet auf der Seite des Tourismusanbieters entsprechende Angebote.

www.rhoen.info

Gesundheit

Die medizinische Versorgung ist im Herzen Deutschlands solide. In den Ortschaften am Rande des HOCHRHÖNERS® gibt es immer wieder ärztliche Praxen, Apotheken und sogar kleine Kliniken, so in Bad Kissingen, Gersfeld und Bad Salzungen.

Die Rhön befindet sich, wie große Teile Süddeutschland, im FSME-Risikogebiet. Da viele Wanderwege über schmale Pfade oder Bergwiesen verlaufen, sollten Sie sich rechtzeitig gegen FSME impfen lassen. Lassen Sie sich von Ihrem Hausarzt beraten. Geschlossene Kleidung, vor allem lange Hosen, in Kombination mit Insektenspray schützen zusätzlich vor dem Zeckenbiss. Inzwischen gibt es Wanderbekleidung, die explizit gegen natürliche Störenfriede hilft.

Information

Möchten Sie sich mehr Informationen über den Weitwanderweg HOCHRHÖNER® oder ganz allgemein über die Rhön einholen, so können Sie dies am besten über die länderübergreifende Tourismusbehörde Rhön GmbH tun. Auf ihrer Internetseite finden Sie bereits zahlreiche praktische Tipps zum Thema Unterkünfte, aktuelle Wegesperrungen oder auch pauschale Wanderangebote. Neben Informationen zum Wandern bietet die Plattform auch Wissenswertes zu weiteren Themen an, z. B. zu Freizeitaktivitäten in der Rhön, kulinarische Angebote sowie spannende Events und Feste. Die offiziellen Informationsstellen sind über die Rhön verbreitet.

ℹ Rhön GmbH, Wasserkuppe 1, 36129 Gersfeld, ☏ 08 00/971 97 71, zudem gibt es für die Wintermonate eine Schneehotline, ☏ 08 00/971 97 73, kontakt@rhoen.info, www.rhoen.info.de, Mo-So 10:00-16:00.

☺ Die gesamten Informationsstellen der Rhön GmbH entlang des HOCHRHÖNERS® werden in den Etappenbeschreibungen aufgeführt. Dort erhalten Sie in aller Regel Broschüren zu Freizeitaktivitäten und zur Arbeit des Biosphärenreservates, Kartenmaterial sowie Auskünfte über die Sehenswürdigkeiten der Region.

Dem Rhönklub e. V. obliegt die Markierung der Wanderwege, so auch die Markierung des HOCHRHÖNERS®. Generell bietet es sich aber zunächst an, sich bei Fragen an die Rhön GmbH zu wenden.

Auf der Seite www.rhoenklub.de bekommen Sie dennoch zahlreiche Wandervorschläge.

Informationen rund um die Biosphäre und die Arbeit des Reservates sowie über die zahllosen Naturschätze der Rhön bieten die öffentlichen Anlaufstellen und die Internetseite des Biosphärenreservates Rhön.

ℹ UNESCO-Biosphärenreservat Rhön, Bayerische Verwaltung, Oberwaldbehrunger Straße 4, 97656 Oberelsbach, ☏ 09 31/380 16 65, brrhoen@reg-ufr.bayern.de, www.biospharenreservat-rhoen.de

♦ UNESCO-Biosphärenreservat Rhön, Hessische Verwaltung, Marienstraße 13, 36115 Hilders, ☏ 06 61/60 06 78 00, info@br-rhoen.de, www.biospharenreservat-rhoen.de

♦ UNESCO-Biosphärenreservat Rhön, Thüringer Verwaltung-Propstei Zella, Goethestraße 1, 36466 Dermbach, OT Zella/Rhön, ☏ 03 61/573 92-33 30, poststelle.rhoen@nnl.thueringen.de, www.biospharenreservat-rhoen.de

Klima- und Reisezeit

Klimatisch ist in der Rhön immer wieder von einer rauen Witterung zu lesen. Mit rund 1.100 mm ist die Rhön relativ niederschlagsreich. Gerade die Hochrhön und insbesondere das Areal um das Wasserkuppenmassiv lassen aufziehende Wolken aufsteigen und schließlich rasch abregnen. Erfahrungsgemäß sind die Tage mit Starkregen eher selten, umso häufiger werden Sie auf Ihren Wanderungen Tage haben, an denen Sie von einem feinen Nieselregen begleitet werden.

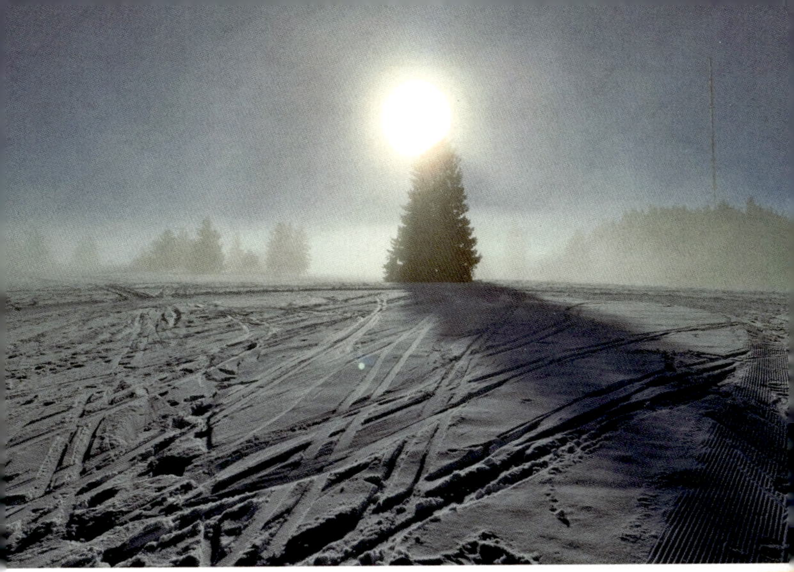

Teils heftige und schneereiche Winter können Sie in der Rhön erwarten

Dieses Gefühl wird noch einmal durch die Vielzahl an Nebeltagen (rund 250 Tage/Jahr) in den Hochlagen verstärkt. Oft hält sich der Nebel aber nur in den Morgenstunden und die Sonne bricht gegen Vormittag durch das Grau. Die Winterperiode hält oftmals etwas länger an und führt infolgedessen zu einem späten Frühling. So haben Sie meist Anfang Mai keine Blätter an den Bäumen, dafür prachtvolle blumenreiche Bergwiesen. Der Sommer ist im Schnitt recht angenehm, so erreicht die Wasserkuppe bspw. ein Temperaturmittel von knapp 20 Grad in den warmen Jahreszeiten. In der Hochrhön sind daher nur selten bioklimatisch belastende „Tropentage" zu erwarten. Im Süden der Rhön sieht es klimatisch schon ganz anders aus. Durch das Hängenbleiben der Wolken an der Hochrhön ist diese Region niederschlagsarm und wärmebegünstigt – der Grund dafür, dass dort der feinperlige fränkische Wein gedeihen kann.

Der HOCHRHÖNER® bietet ganzjährig ein großartiges Naturerlebnis. Zwischen Oktober und April muss jedoch immer mit Minustemperaturen und Schnee gerechnet werden. Die Mehrzahl der Unterkünfte haben einen ganzjährigen Betrieb, zur Winterzeit fallen jedoch einige gastronomische Angebote unterwegs weg. Die beste Reisezeit ist im Mai sowie im September und Oktober. In den Monaten ist es ausreichend lange hell und die Gefahr der starken Mittagshitze gering. Im Mai hat die Sommersaison noch nicht begonnen und Wandernde können sich auf den abwechslungsreichen Bergwiesen an einem prachtvollen Blütenmeer erfreuen. Im späten September und frühen Oktober liegt der Sommer in den letzten Zügen, die Blätter der Buchenwälder verfärben sich und die vielen Berge flimmern im abendlichen Sonnenuntergang, während Sie die Wanderung auf der Treppe einer Hütte mit einem kühlen Bier ausklingen lassen können.

Naturschutz

Die Rhön bietet aufgrund ihres strukturellen Reichtums eine seltene Artenvielfalt in der Flora und Fauna. Der HOCHRHÖNER® führt in weiten Teilen durch geschützte, mindestens aber sensible Naturlandschaften. Einen Beitrag zur Aufrechterhaltung dieser wertvollen Umgebung können alle leisten, dafür gibt es einfache Regeln:

- ▷ Nehmen Sie Ihre mitgebrachten Abfälle mit und entsorgen Sie diese erst in den Unterkünften.
- ▷ Verlassen Sie die Wege nicht und suchen Sie gerade in den Offenlandschaften keine eigenen Querfeldeinabkürzungen.
- ▷ Pflücken Sie keine Pflanzen – eine Vielzahl der hier vorkommenden Arten stehen unter strengem Naturschutz und gehören vielleicht zu den letzten ihrer Art.
- ▷ Verhalten Sie sich ruhig und erschrecken Sie weder die Wildtiere noch das Weidevieh.
- ▷ Zelten Sie nicht wild, sondern nutzen Sie vorgesehene Plätze oder besser die vielen Unterkünfte und Hütten.
- ▷ Entzünden Sie kein offenes Feuer und werfen Sie keine Zigarettenstummel in die Graslandschaften.

Notruf

Bei Notfällen wählen Sie die Nummern 112 sowie 116 117. Für abgelegenere Gebiete rückt in der Rhön die entsprechende Bergwacht aus. Die Polizei erreichen Sie unter der 110.

Landkarten

Der HOCHRHÖNER® ist gut markiert. Wenn das raue Klima der Rhön wieder für geringe Sichtweiten sorgt, kann eine Unterstützung via Karte oder GPS-Gerät sinnvoll sein. (Digitales) Kartenmaterial ergänzt auch dann die bestehende

Markierung sinnvoll, wenn Sie die vielen historischen Orte abseits des Weges erkunden möchten. Möglichkeiten dazu ergeben sich in Fülle. Immer wieder finden sich unweit des Weges kleine Schlösser, Burgruinen oder versteckte Aussichtspunkte, die vom HOCHRHÖNER® aus unbeschildert sind. Im Buch wird auf diese Möglichkeiten hingewiesen.

Praktisch ist die zweiteilige **Kompass-Karte „Rhön (460)“** im Maßstab 1:50.000 (ISBN 978-3-99044-604-1) sowie die **Karte „Die Hochrhön 462“** im Maßstab 1:25.000 (ISBN 978-3-99121-393-2). Ergänzend hierzu gibt es die **Umgebungskarte „50-1 Naturpark Bayerische Rhön“** (ISBN 978-3-89933-780-8) im Maßstab 1:50.000 für den südlicheren Teil der Rhön wie auch die **Fritsch-Wanderkarte „68 – Die Rhön Naturpark und Biosphärenreservat“** (ISBN 978-3-86116-068-7) im Maßstab 1:50.000 für den südlicheren und zentralen Teil der Rhön.

☺ Die Kartenempfehlungen wurden von der Geobuchhandlung Kiel überprüft. 💻 www.geobuchhandlung.de

Generell erleichtert es die Wanderung, wenn Sie die Beschilderung mit GPS komplementieren. Inzwischen gibt es von zahlreichen Anbietern auch GPS-fähige Uhren für das Handgelenk. Den GPS-Track zur Tour können Sie auf der Verlagsseite im gängigen GPX-Format herunterladen.

💻 www.conrad-stein-verlag.de

📖 **GPS** *Grundlagen • Tourenplanung • Navigation* von Michael Hennemann, Conrad Stein Verlag, ISBN 978-3-86686-769-7, € 12,90, Neuauflage 2023

Das Portal 💻 www.touren-rhoen.de informiert darüber hinaus über mögliche Streckensperrungen oder kurzfristige Wegesänderungen.

Literaturtipps

Literatur über die Rhön gibt es zur Genüge. Der Reiseführer „**Die sehenswerte Rhön erleben**“ bietet einen gelungenen Mix aus Informationen zu dem Mittelgebirge und zu spannenden Sehenswürdigkeiten (ISBN: 3982216648).

Für Liebhaber der Flora lohnt sich der Bestimmungsführer „**Blütenpflanzen der Rhön**“ aus dem Szabo-Verlag (ISBN: 978-3939597032).

Die Rhön ist reich an Sagen. Immer wieder werden Sie an Tafeln auf der Wanderung Rast machen und über die mystische Vergangenheit des Ortes informiert.

Wer im Vorfeld einige dieser Sagen lesen möchte, erhält mit dem Buch „**Sagen und Märchen der Rhön**“ (ISBN: 978-3898766548) einen guten Überblick.

Ein ausführliches und populärwissenschaftliches Werk über die landschaftliche und historische Entwicklung der Rhön finden Sie mit dem Buch „**Die Rhön – Geschichte einer Landschaft**“ (ISBN: 978-3731902560).

Die Tourismusbüros in Bad Kissingen und Fulda, auf dem Kreuzberg und auf der Wasserkuppe bieten darüber hinaus eine Vielfalt an kleinen Broschüren zu bestimmten Themen.

Auch die Einrichtungen des UNESCO-Biosphärenreservates in Oberelsbach, Oberbach, Hilders und Zella halten Flyer zu bestimmten landschaftlichen Themen bereit.

Etwas unübersichtlich, aber reichhaltig an touristischen Infos sind die beiden Internetseiten 💻 www.rhoenfuehrer.de und www.rhoenline.de. Hier finden Sie auch Restaurants sowie weitere Unterkünfte.

Markierungen

Die Markierung sind dank des engagierten Rhönklubs auf einem sehr hohen Niveau. Ein so großes Wanderwegenetz aufrechtzuerhalten, bedarf viel Pflege und den Einsatz Freiwilliger. Der Rhönklub gehört zu den ältesten Wandervereinen Deutschlands und ist auf den geringen Beitrag von € 30 im Jahr angewiesen. Wer die Rhön nach der Wanderung ins Herz geschlossen hat, findet schnell einen entsprechenden Antrag bei den verschiedenen Sektionen.

Auf den Wegen werden Ihnen immer wieder die unterschiedlichsten Wegemarkierungen begegnen, von weißen Zahlen auf blauem Grund, horizontalen ausgefüllten und leeren Tropfen und Dreiecken sowie roten Buchstaben auf weißem Grund bis hin zu dem Ö des HOCHRHÖNERS®. Das Ö für diese Wanderung gibt es in zwei Ausführungen. Das gelbe Ö auf weißem Grund zeigt Ihnen den Verlauf der Hauptrouten. Folgen Sie immer dem gelben Ö, führt es Sie bis an das andere Ende des Weitwanderweges. Das grüne Ö hingegen markiert Abzweigungen, die Sie in angrenzende Ortschaften führen, sogenannte Zubringerwege.

Diese fungieren als komfortable Möglichkeiten, eigene Zwischenziele in der Tour einzuplanen, und erhöhen das Angebot an Unterkünften und Sehenswürdigkeiten.

Radfahren

Der HOCHRHÖNER® ist speziell für Wanderungen eingerichtet. Rein von den Anstiegen sind die meisten Wege auch für Mountainbikefahrerinnen und -fahrer geeignet. Allerdings sollte bedacht werden, dass die Wanderung oftmals auch über schmale und schwer einsehbare Wege verläuft und es daher zu Gefahren für entgegenkommende Wandernde kommen kann. Dazu sind einige Abschnitte aus naturschutzfachlichen Gründen für Radfahrerinnen und Radfahrer ausdrücklich gesperrt. Wer die Rhön aber mit Rad erwandern möchte, kann inzwischen einen der zahlreichen etablierten Radwanderwege nutzen, beispielsweise die Rhön-Sinntal-Radwanderung oder den Milseburgradweg. Einen Überblick bietet hier die Tourismusseite der Rhön.

www.rhoen.info

Telefon und Internet

Das Mobilfunknetz ist in Deutschland gut ausgebaut. In der Rhön gibt es dennoch vereinzelte Abschnitte, wo weder Mobilfunk noch mobiles Internet verfügbar ist. Droht hier Gefahr oder haben Sie sich verletzt, kann eine Trillerpfeife eine gute Option sein, auf sich aufmerksam zu machen.

WLAN-Anschluss findet sich in einigen Unterkünften, jedoch nicht in jeder.

Übernachtungen

Auf dem HOCHRHÖNER® wandern Sie traditionell von Hütte zu Hütte, familiengeführten Hotels oder Pensionen. Die Etappen sind so angelegt, dass Sie spätestens am Ende der Etappe eine geeignete Übernachtungsmöglichkeit vorfinden. Aber auch schon unterwegs können Sie oftmals die Wanderung unterbrechen und die Etappenlänge Ihrem Bedarf entsprechend anpassen. Die Unterkünfte, die dem HOCHRHÖNER® nahe liegen, werden in der Etappenbeschreibung kurz skizziert. Sie finden aber abseits des HOCHRHÖNERS® noch viele weitere Unterkünften und müssen sich somit nicht auf die aufgeführten Adressen beschränken.

An verschneiten Wintertagen erfreuen sich Skifahrerinnen und Skifahrer an den zahlreichen Abfahrtspisten und Loipen, insbesondere in der westlichen Kuppenrhön. An diesen Tagen ist vor allem auf den Bergen zwischen Kreuzberg und Wasserkuppe einiges los. Eine rechtzeitige Buchung der Unterkünfte ist daher angebracht.

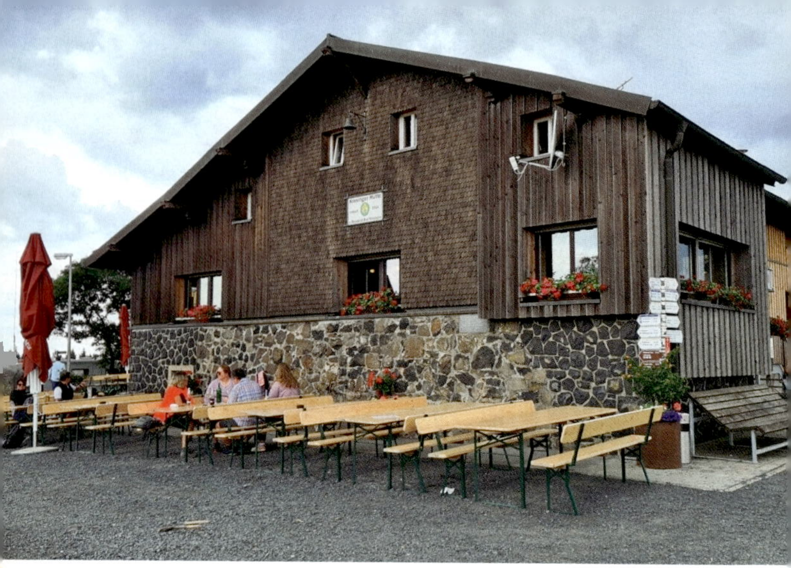

Berghütten wie die Kissinger gibt es in der Rhön viele

Dies trifft auch für die Ferienzeiten im Sommer (Juli/August) zu, in denen die Unterkünfte in der hohen Rhön gut ausgelastet sind. Sollten Sie allein reisen, dürfte allerdings immer ein Bett frei sein. Bei einer Gruppe mit mehr als zwei Personen sollten Sie jedoch grundsätzlich reservieren.

Berghütten

Die wenigsten Hütten bieten Ihnen einfache Matratzenlager an. Die Angabe, ob es sich um ein Lager oder um private Zimmer handelt, können Sie den einzelnen Beschreibungen in den Etappen entnehmen.

Hotels und Pensionen

Die meiste Zeit werden Sie in Hütten, Hotels, Pensionen oder Ähnlichem übernachten. Viele dieser Unterkünfte haben das Frühstück schon im Preis integriert. Die meisten Unterkünfte lassen sich im mittleren Qualitätssegment verorten, es gibt wenige Ausschläge nach oben oder unten. Von daher können Sie in aller Regel nicht viel verkehrt machen. In den Unterkunftsbeschreibungen werden die Preise jeweils für ein komplettes Einzelzimmer (EZ), Doppelzimmer (DZ) oder Mehrbettzimmer (MBZ) angegeben. Dabei werden die günstigsten Preise pro Nacht benannt. Wichtig zu wissen ist, dass die Preise je nach Saison variieren können.

Auf Zeltplätze wird in den Etappenbeschreibungen nicht eingegangen. Da Wildcampen in Deutschland verboten ist und nicht genügend Zeltplätze am Wegesrand zur Verfügung stehen, lohnt sich die Mitnahme des Zeltes nicht.

Updates

Der Conrad Stein Verlag veröffentlicht regelmäßig Aktualisierungen zu diesem Wanderführer im Internet. Berücksichtigen Sie daher noch einmal alle Neuerungen, bevor Sie zu dieser Wanderung aufbrechen. Die Updates finden Sie auf der Verlagsseite (💻 www.conrad-stein-verlag.de), wenn Sie dort diesen Titel suchen. Der abgebildete QR-Code führt Sie direkt dorthin.

Verkehrsmittel am Weg

Die Rhön ist mit öffentlichen Verkehrsmitteln spartanisch erschlossen. Ursächlich dafür sind die Verkehrsverbände, die im Dreiländereck enden. Zwar bestehen einzelne übergreifende Busverbindungen, aber deren Haltestellen liegen oftmals entfernt des HOCHRHÖNERS®. Wer also genügend Geduld mitbringt, sich auf die geringe Taktung einlässt und auch mal den ein oder anderen Umstieg in Kauf nimmt, kommt früher oder später an sein gewünschtes Ziel. Demgemäß ist abzuwägen, ob das Wetter so schlecht ist, dass Sie lieber auf den Bus umsteigen.

▷ Busse in der hessischen Rhön unter: 💻 www.lng-fulda.de
▷ Busse in der bayerischen Rhön unter:
💻 www.rhoen-grabfeld.de sowie www.mobil-kg.de
▷ Busse in der thüringischen Rhön unter: 💻 www.bus-bahn-thueringen.de
▷ Sonder- und Freizeitbusse der Rhön unter: 💻 www.hochrhoenbus.de

Wandern mit Hund

Wandern mit Hund ist grundsätzlich auf dem HOCHRHÖNER® gut möglich. Beachtet werden sollten allerdings einige Aspekte:

▷ Der Hund sollte gehorsam und gut erzogen sein. Die Rhön ist geprägt durch voralpenähnliche Almbewirtschaftung und daher reich an Weidetieren. Auch dem ein oder anderen Wildtier werden Sie gerade in den vielen Naturschutzgebieten begegnen. Hier ist die Leine Pflicht. Mit einem Hundegeschirr läuft es sich auch für den Hund entspannter.

▷ Wasser sollten Sie für Ihren Hund ausreichend mitnehmen. Einige Etappen verlaufen trotz der wasserreichen Hochrhön nicht direkt an Quellen vorbei. Auch für ausreichend Hundefutter sollte gesorgt sein.

▷ Achten Sie auf die Fitness Ihres Hundes und führen Sie Ihren Hund rechtzeitig an längere Wegstrecken heran. Die Etappen haben eine Länge von bis zu 20 km und mehr.

📖 **Trekking mit Hund** von Heiko Kühr, Conrad Stein Verlag, ISBN 978-3-86686-550-1, € 9,90

Wandern mit Kind

Bezogen allein auf die technischen Schwierigkeiten des HOCHRHÖNERS® ist die Wanderung mit den wenigen sehr steilen und schmalen Wegepassagen insgesamt als eher einfach einzustufen und somit auch gut für Kinder zu bewältigen. Eine große Herausforderung ergibt sich jedoch hinsichtlich der oftmals sehr langen Etappen (über 20 km) und der vielen Höhenmeter (meist zwischen 500-1.000 Höhenmeter), die die Wanderung für junges Wanderpublikum sehr anspruchsvoll gestalten. In dem Wanderführer werden alle Unterkünfte aufgezeigt, die auch einzelne Übernachtungen anbieten. Sicher ist es sinnvoll, die Etappen der Physis des Kindes entsprechend stark zu verkürzen und dafür ein paar Tage länger einzuberechnen. Nehmen Sie sich auch ausreichend Zeit und planen Sie bei einer Wanderung mit Kindern genügend Pausen mit ein. Für sehr junge Kinder sollte besser eine Kraxe mitgebracht werden – kaum ein längerer Abschnitt ermöglicht die Wanderung mit einem Buggy oder Kinderwagen.

Besonders spannend für Kinder ist die Rhön durch ihren großen Sagenreichtum. Aber auch altersgerechte Highlights hält der HOCHRHÖNER® zur Genüge bereit, etwa die Burgruine Botenlauben (☞ Etappe 1), die Ruine Osterburg (☞ Etappe 3), der Wildpark Klaushof (☞ Etappe 1), der Freizeitpark Märchenwiese auf der Wasserkuppe (☞ Etappe 3) oder die Höhle des Rhönräubers (☞ Etappe 7).

☺ Über 💻 www.rhoen.info.de kann sich über Wandern ohne Gepäck informiert werden. Die ansässige Tourismusbehörde Rhön GmbH hält verschiedene Pauschalangebote bereit und erleichtert somit Eltern mit Kind die Wanderung auf dem HOCHRHÖNER®.

Der HOCHRHÖNER®

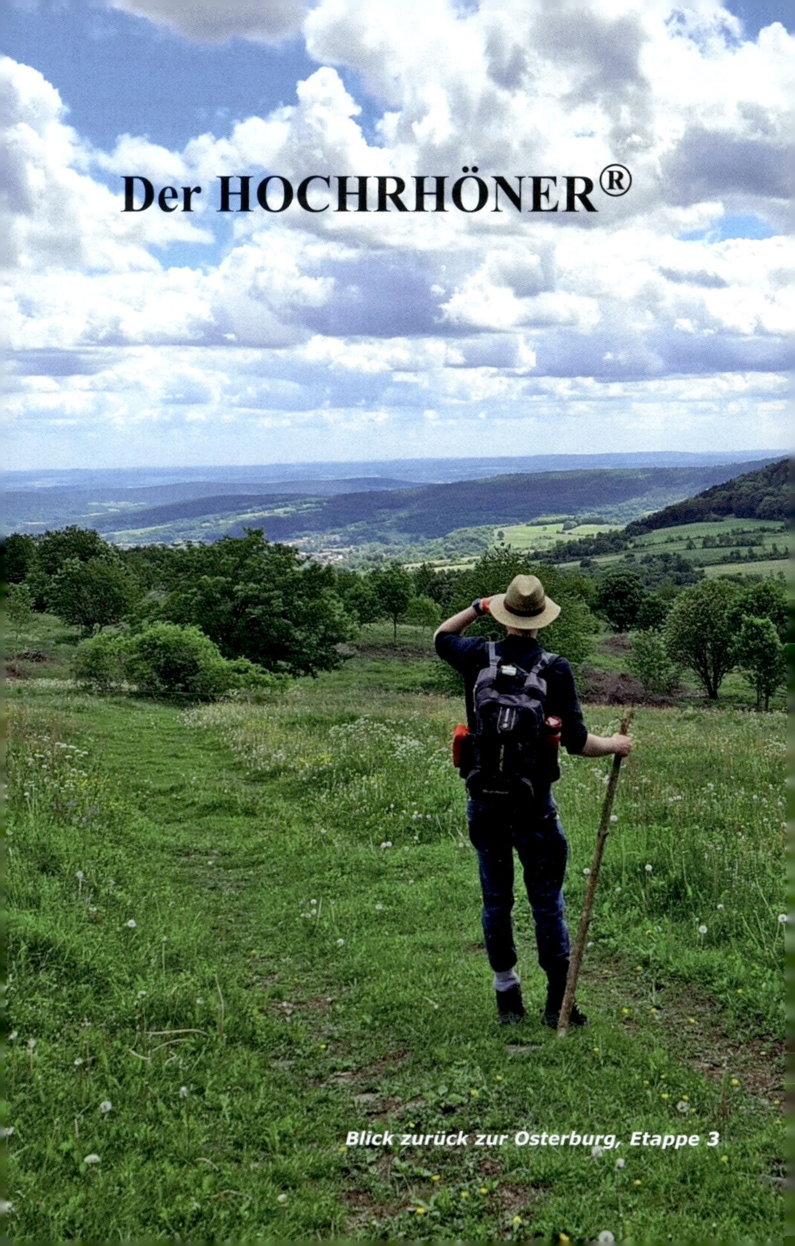

Blick zurück zur Osterburg, Etappe 3

Etappe 1: Von Bad Kissingen nach Stralsbach

10,4 km, 3 Std., 254 m, 167 m, 221-415 m

0,0 km	235 m	Bad Kissingen
0,8 km	222 m	Wandelhalle
3,2 km	224 m	Gradierwerk Bad Kissingen
4,4 km	236 m	Kaskadental
6,7 km	363 m	Klaushöhe
8,0 km	404 m	Hermannsruh
10,4 km	323 m	Stralsbach

Wer seine Wanderung in Bad Kissingen beginnt, macht vieles richtig: ein gemütliches Schlendern entlang der Promenade des UNESCO-Weltkulturerbe-Kurortes, zur Stärkung ein Schluck aus einer der sieben Heilquellen, die unter der Stadt schlummern, und dann durch den ausgedehnten Kurpark raus in die Natur – und alles in ständiger Begleitung der Fränkische Saale. Der erste Anstieg wird Ihnen im Kaskadental auch noch schmackhaft gemacht: Sachte plätschert das Wasser des Kaskadentalbaches die zahllosen Stufen herunter, weilt mal in einem Teich und braust dann unter den schattigen Baumkronendächer weiter hinab ins Tal. An der Klaushöhe kann, wer möchte, einen Abstecher in den Wildpark Klaushof machen und die heimische Tierwelt beobachten. Wildkatzen, Luchse und sogar Auerhähne gibt es zu bestaunen. Den Abschluss macht ein entspanntes Waldbad, bevor die Gourmetküche des Weißen Rössls den ersten Wandertag abschließt. Ein richtiges Verwöhnprogramm und eine gute Vorbereitung, denn die nächsten Tage werden deutlich anstrengender.

Bad Kissingen

Tourist-Information Arkadenbau, Luitpoldpark 1, 97688 Bad Kissingen, 09 71/80 48-444, tourismus@badkissingen.de, www.badkissingen.de, Mo-Fr 8:30-20:00, Sa, So 10:00-14:00

Hotel Bayerischer Hof, Maxstraße 9/11, 97688 Bad Kissingen, 09 71/804 50, info@doesch-kg.de, www.doesch-kg.de, ÜF EZ ab € 75, € DZ ab € 120, Fr-Di 11:00-14:00 und 17:30-21:00, 2 Silberdisteln

♦ **Hotel Weisses Haus**, Kurhausstraße 11a, 97688 Bad Kissingen, 09 71/72 73-0, info@hotel-weisses-haus.de, www.hotel-weisses-haus.de, ÜF EZ ab € 75, DZ ab € 115, € 5, Di-Sa 17:00-21:00

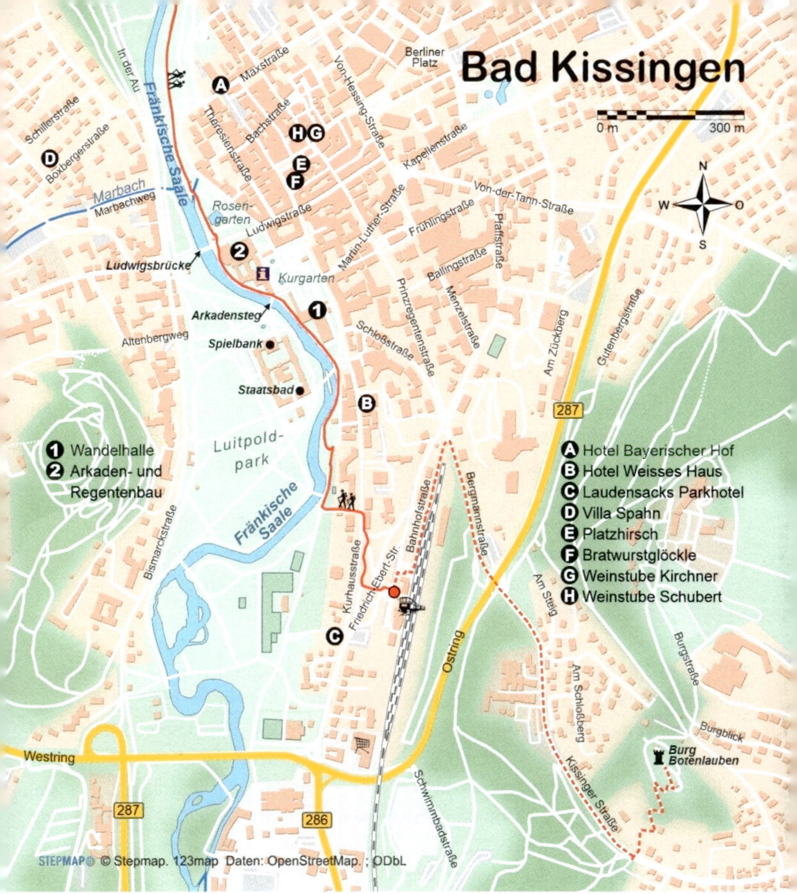

🛏 ✕ **Laudensacks Parkhotel und Beauty Spa**, Kurhausstraße 28, 97688 Bad Kissingen, ☏ 09 71/722 40, ✉ info@laudensacks.de, 💻 www.laudensacks.de, ÜF EZ ab € 115, DZ ab € 220, 🐕 € 15, 🚪 ✕ Di-Sa 18:00, für Hausgäste ist das Restaurant auch So-Mo ab 18:00 geöffnet. Ausgezeichnet mit einem Michelin-Stern

🛏 **Villa Spahn,** Boxbergerstraße 5, 97688 Bad Kissingen, ☏ 09 71/30 44, ✉ info@villa-spahn.de, 💻 www.villa-spahn.de, ÜF EZ ab € 52, DZ ab € 90, 🐕 € 8 (nur auf Anfrage)

✕ **Platzhirsch**, Marktplatz 16, 97688 Bad Kissingen, ☏ 09 71/78 52 95 07, 🚪 Do-Mo 11:00-22:30

- **Bratwurstglöckle**, Grabengasse 6, 97688 Bad Kissingen, ☏ 09 71/78 57 48 88, info@bratwurstgloeckle-badkissingen.de, www.bratwurstgloeckle-badkissingen.de, Di-So 11:30-14:00 und 17:30-21:00
- ♦ **Weinstube Kirchner,** Marktstraße 2, 97699 Bad Kissingen, ☏ 09 71/59 14, www.weinstube-kirchner.de, Mi-So 11:00-21:30
- ♦ **Weinstube Schubert**, Kirchgasse 2, 97699 Bad Kissingen, ☏ 09 71/26 24, info@weinstube-schubert.de, www.weinstube-schubert.de, Do-Fr ab 17:00, Sa, So 12:00-14:00 und ab 17:30, ausgezeichnet mit einem Michelin-Stern
- ☺ Die Straßen in Bad Kissingen sind von einer Vielzahl an Cafés, Eissalons, Restaurants, Imbissen und Bäckerei gesäumt. Ebenso groß ist die Auswahl an Hotels und Pensionen. **Weitere Unterkünfte** unter www.badkissingen.de/gastgeber-und-angebote/hotels/unterkuenfte oder über die Tourist-Info
- **EDEKA,** Kurhausstraße 47 A, 97688 Bad Kissingen, ☏ 09 71/41 80, Mo-Fr 8:00-20:00, Sa 8:00-14:00
- ⌘ **Museum Obere Saline & Bismarck Museum**, Obere Saline 20, 97688 Bad Kissingen, ☏ 09 71/807-42 30, mos@stadt.badkissingen.de, www.badkissingen.de/aktivitaeten/badkissingenstelltsichvor, Mi-So 14:00-17:00

Bad Kissingen (22.400 Einwohnerinnen und Einwohner) wird als Deutschlands berühmtester Kurort bezeichnet und ist mit weit mehr als 1 Millionen Übernachtungen im Jahr ein wahrer Touristenmagnet in der Rhön. Diese Zahlen dürften seit dem Jahr 2021 weiter angestiegen sein, denn die UNESCO hat Bad Kissingen als Weltkulturerbe und Vorbild für die europäische Tradition der Kur ausgezeichnet. Dass Bad Kissingen schon früh im Mittelpunkt der Betrachtung stand, verraten die vielen Büsten und Staturen adliger Herrscher. Insbesondere **König Ludwig I.** ist der Aufstieg zum Weltbad zu verdanken. Besonders sehenswert ist daher der Dreiklang aus **Arkaden- und Regentenbau** sowie der **Wandelhalle**. In Letzterer werden jeden Tag vier der sieben verschiedene Heilwässer ausgeschenkt, die aus den Quellen in und um Bad Kissingen sprudeln. Auch Kulturbegeisterte kommen in dem belebten Ort auf ihre Kosten – mehrere Kulturangebote pro Tag ermöglicht der ganzjährig vollgepackte Veranstaltungskalender.

www.badkissingen.de/kultur/veranstaltungskalender

Direkt vor dem **Kissinger Bahnhofsgebäude** steigen Sie die Treppe herab in die kleine, lang gezogene Grünanlage, auf der Sie gut sichtbar das hölzerne Startportal des HOCHRHÖNERS® erkennen können.

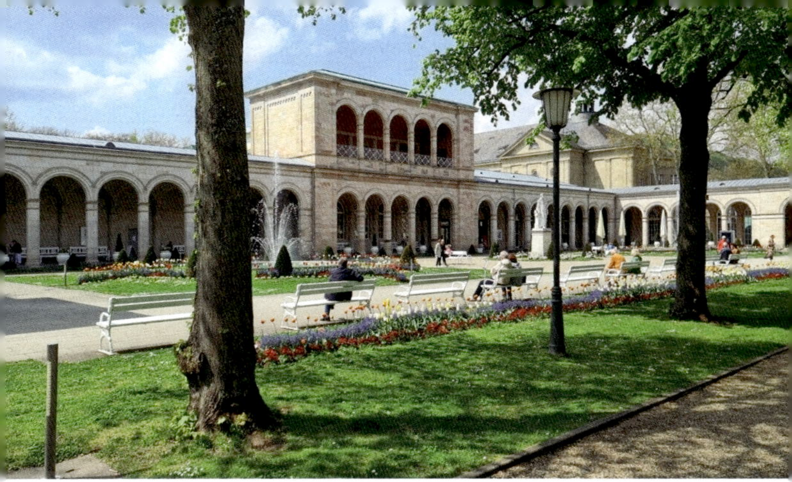

Der Arkadenbau im Kurpark kann auch besichtigt werden

Der Kissinger Bahnhof besitzt als einer der letzten Bahnhöfe Deutschlands ein Fürstenzimmer, auch Königssalon genannt. In dem inzwischen denkmalgeschützten Raum wurden Adelige und Prominente empfangen und durften unter allen Annehmlichkeiten auf den Zug warten. Leider konnte dieser zum Recherchestand im Jahr 2022 nicht besichtigt werden. Es bleibt zu hoffen, dass sich das bald wieder ändert.

↳ ♜ Die mächtige **Festungsruine Botenlauben** kann am besten vom Bahnhof aus in 1,5 km bestiegen werden. Gehen Sie dazu vor dem Bahnhofsgebäude nach rechts die Bahnhofstraße entlang und biegen Sie in die erste Straße (Bergmannstraße) rechts ein. Sie passieren eine breite Querstraße und gehen gegenüber geradeaus in die Kissinger Straße. Nach 600 m wandern Sie links den Serpentinenweg für Fußgängerinnen und Fußgänger hinauf zur Burg.

♜ Der Graf und Minnesänger Otto von Botenlauben ließ die Burg wohl um das Jahr 1180 erbauen. Diesem begegnen Sie auf der morgigen Etappe in Frauenroth wieder. In einer zweijährlichen Taktung finden dort auch Festspiele statt.

♦ **Burg Botenlauben**, Burgstraße 16, 97688 Bad Kissingen,
💻 www.badkissingen.de/aktivitäten/sehenswürdigkeiten

Folgen Sie dem geschotterten Weg, der links unten in der Kurhausstraße mündet. 35 m weiter verlassen Sie die Straße über einen sandigen Fußgängerweg links Richtung Uferpromenade.

Sie wandern die ersten Kilometer im Kurpark zwischen Villen und der Fränkischen Saale. Zahlreiche prächtige Bauten zu Ihrer Rechten empfangen heute die vielen Übernachtungsgäste der Stadt. An der Statur der Hygieia, der Gottheit des Heilens, verzweigt sich der Weg und Sie halten sich wieder links. Auf der gegenüberliegenden Uferseite sehen Sie die imposanten Gebäude des Staatsbades und der ältesten Spielbank Bayerns.

☺ Wenn Sie zurückschauen, bekommen Sie einen schönen Blick in den hügeligen Stadtteil Reiterswiesen mit der romantisch gelegenen Burgruine Botenlauben.

Bald darauf sehen Sie rechts ein Gebäude in der Gestalt einer Basilika. Es handelt sich um die größte ⌘ **Wandelhalle** ❶ Europas. An der Bar wird das frische Heilwasser von traditionellen Brunnenfrauen gezapft. Täglich kann aus vier der sieben Wasserquellen gewählt werden. Sie sollten jedoch darauf verzichten, das Trinkwasser für die Wanderung hier aufzufüllen. Das heilende Wasser schmeckt oft säuerlich-salzig, ist besonders eisenhaltig und sollte nur in Maßen getrunken werden. Ein Abstecher lohnt sich dennoch, um sich ein stärkendes Glas für die bevorstehenden Wandertage zu genehmigen.

⌘ **Wandelhalle**, Am Kurgarten 1, 97688 Bad Kissingen, ☏ 09 71/804 84 44, www.badkissingen.de/aktivitaeten/gaestefuehrungen, Eintritt frei, täglich 7:00-18:00, Ausschenkzeiten täglich 7:00-8:30 und 16:00-18:00. Außerhalb der Ausschenkzeiten sind die Rakoczy- und Pandurquelle innerhalb der Wandelhalle und der Maxbrunnen im Pavillon draußen von der Straße Am Kurgarten erreichbar.

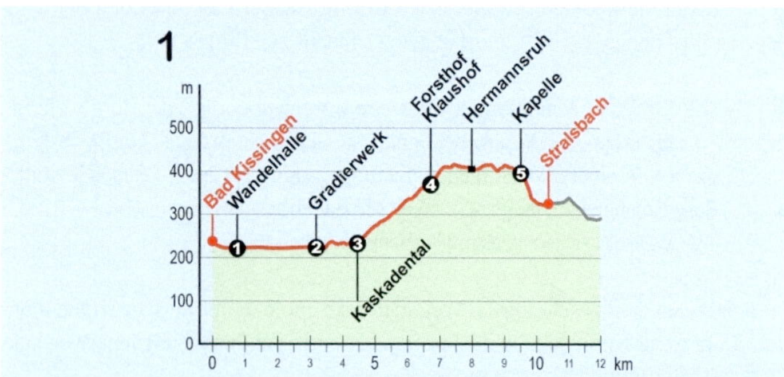

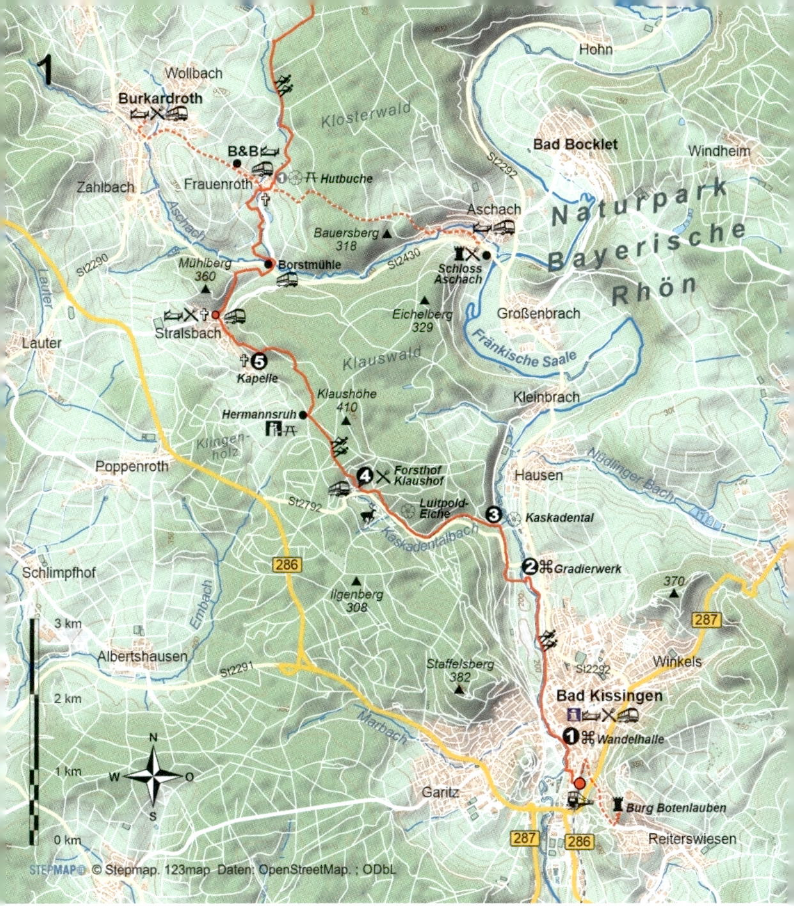

↳ Wenn Sie sich entscheiden, ein paar Meter durch den Kurgarten zu nehmen, können Sie den ⌘ Arkaden- und den Regentenbau in voller Pracht begutachten. Sind Sie heute früh genug angereist, haben Sie noch genügend Zeit, um die beiden Bauten auch von innen zu besichtigen.

⌘ **Regenten- und Arkadenbau**, Ludwigstraße 2, 97688 Bad Kissingen
☏ 09 71/804 84 44, 💻 www.badkissingen.de/aktivitaeten/gaestefuehrungen,
🚪 täglich 10:00-17:00, Tickets bei der Tourist-Information Arkadenbau

Zudem haben Sie die Möglichkeit, in der **Tourist-Information Arkadenbau** weitere Informationen für die nächsten Tage einzuholen. Biegen Sie danach an der Ludwigstraße hinter dem Park wieder Richtung Fluss ab.

Sie queren die Ludwigstraße und gehen die Treppenstufen an der Vinothek runter in den ⌘ Rosengarten mit seinen rund 6.000 Rosenstöcken. Bleiben Sie immer auf dem asphaltierten Fußgängerweg parallel zur Fränkischen Saale und unterlaufen Sie die geschwungene Schweizerhaus-Brücke. Am Fluss entlang passieren Sie nach 900 m ein paar steinerne ⌘ Kunstinstallationen. Auf der gegenüberliegenden Uferseite hören Sie das Propellersurren alter Flugmaschinen. In den Saaleauen befindet sich ein kleiner Flugplatz samt Pferdeturnieranlage. Zahlreiche Sitzgelegenheiten laden Sie im Kurpark ein, einen Moment die mondäne Atmosphäre der Stadt zu genießen.

Kurz bevor der Weg das erste Mal die Fränkische Saale überquert, kommen Sie an die Salinenpromenade, an der Sie von einer ⌘ **Bismarck-Statue** begrüßt werden. In einem mäandernden Flussbereich befindet sich das ⌘ **Turbinenhaus**, ein Industriedenkmal samt historischem gusseisernem Pumpwerk, über das die salzhaltige Sole in das Gradierwerk geleitet wurde. Dieses Pumpwerk war das erste seiner Art in Deutschland. In dem anschließenden ⌘ **Gradierwerk ❷** nördlich des Weges wurde die Sole über Reisigbündel und mittels Eindampfung zum Konzentrat. Dieses Verfahren wurde ebenfalls erstmalig in Bad Kissingen angewandt und verbreitete sich daraufhin in ganz Europa. Ein wenig weiter können Sie das Gradierwerkbesuchen und etwas „Meeresluft" schnuppern. Gut erholt gehen Sie zum Salinensteg und überqueren die Fränkische Saale.

Auf der anderen Uferseite laufen Sie einen asphaltierten Weg Richtung Straße, passieren diese und steigen gegenüber rechts in den Wald auf. Nach 220 m schreiten Sie über eine weitere Straße (Staatsstraße 2792) und stoßen 500 m später am Ende des Weges auf ein orangefarbenes Gebäude. Sie befinden sich am Fuße des **Kaskadentals ❸**. Biegen Sie nach links ab und überqueren Sie am Wanderparkplatz die kleine Brücke mit dem historischen Informationsschild zum Tal. Von hier aus haben Sie nun den ersten Aufstieg der gesamten Wanderung vor sich. Bis zur Klaushöhe hinauf überwinden Sie die knapp 200 Höhenmeter. Bei den nachfolgenden Brücken ist es Ihnen freigestellt, ob Sie diese überqueren oder nicht, schöner ist jedoch immer auf der linken Seite des Kaskadentals. Neben Ihnen wird unter dem schattigen Kronendach der Kaskadenbach unzählige kleine Stufe herabplätschern.

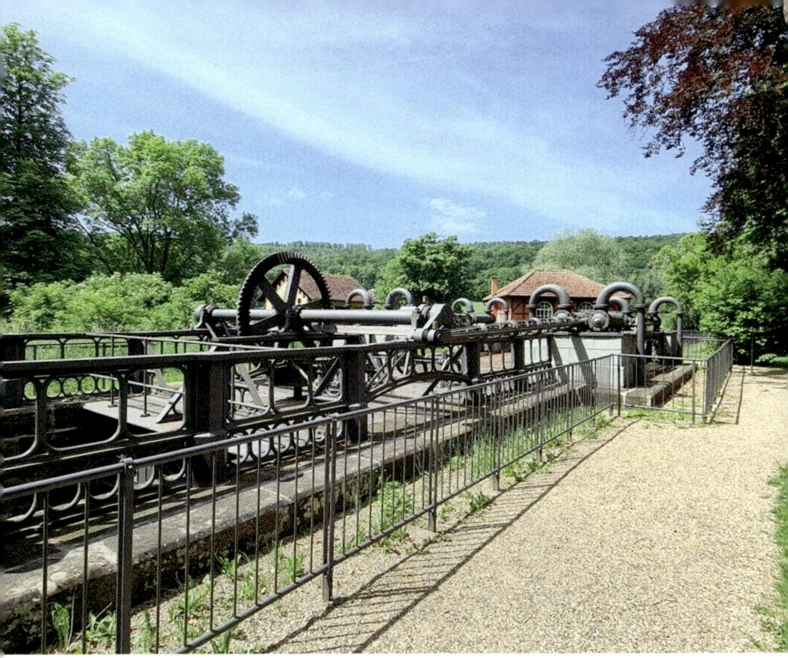

Turbinenhaus am Gradierwerk

Das Kaskadental ist, anders als die Kaskadenschlucht bei Gersfeld, keineswegs natürlichen Ursprungs. Im 18. Jahrhundert ließ der Würzburger Fürstbischof Adam Friedrich von Seinsheim die Kaskaden zur Belustigung der Kurgäste von Bad Kissingen und Bad Bocklet anlegen und dekorierte das Tal mit reichlich Pflanzen und Skulpturen. Trotz des jahrhundertelangen Verfalls ist heute noch das idyllische Wechselspiel aus Wasserterrassen und Gumpen zu erkennen.

Nach 270 m kommen Sie erneut an eine Brücke. Die Markierung des HOCHRHÖNERS® zeigt Ihnen an, dass Sie diese passieren müssen. Links hinter Ihnen befindet sich eine **zerfallene Schutzhütte**. Diesen Weg können Sie genauso gut nach oben steigen. Wandern Sie dabei nur immer parallel des Kaskadenbaches. Lediglich die beiden Brücken auf km 5,6 und 5,8 sollten Sie nicht queren, da diese auf die angrenzende Straße führen. Zu Ihrer Linken hören Sie allmählich lauter werdende Tiergeräusche. An der Lichtung mit der ✿ **Luitpold-Eiche** können Sie den **Wildpark** sehen.

Sie kommen kurz nach diesem Naturdenkmal aus dem Wald heraus und biegen links an einer Sitzgruppe bergab auf den asphaltierten Weg Richtung Straße und wenig später wieder hinauf zum **Forsthof Klaushof ❹.** Das Restaurant war ehemals ein fürstbischoflicher Forsthof, der später den Kurgästen der Stadt als beliebtes Ausflugsziel diente und dies noch immer tut.

Forsthaus Klaushof, Klaushofstraße 101, 97688 Bad Kissingen,
09 71/78 58 78 18, info@forsthaus-klaushof.com,
www.forsthaus-klaushof.com, Do-Di 11:00-22:00

Wild-Park Klaushof, Klaushofstraße 101, 97688 Bad Kissingen,
09 71/807-31 31, forstverwaltung@stadt.badkissingen.de,
www.wildpark-klaushof.de, keine , täglich 10:00-18:00

Hinter dem Klaushof steigen Sie auf einem erdigen Weg in das gleichnamige Naturschutzgebiet. Die auffällige Markierung „Wanderweg nach Stralsbach" erleichtert Ihnen die Orientierung. Folgen Sie dem schmalen Hohlweg durch den Buchenwald. Hier wandern Sie auch ein Stück des Pfades der Baumgiganten. Wirklichen Giganten werden Sie auf diesem Wegstück allerdings nicht begegnen.

Der Wanderweg verläuft nun in einem Wechsel auf breiteren Forstwegen und kleineren, erdigen, teils mit Gras überwachsenen Pfaden. Passieren Sie das kleine hölzerne Kruzifix und halten sich an der Bank des HOCHRHÖNERS® rechts. 300 m später öffnet sich ein erster kleiner Ausblick ins Land. Nehmen Sie gerne am **Jagdhaus Hermannsruh** den 70 m langen Abstecher zur kleinen Obstwiese mit. Dort finden sich gemütliche Liegeplätze mit Blick in eine kleine Talmulde. Im Spätsommer können Sie auch eine der alten Apfelsorten kosten.

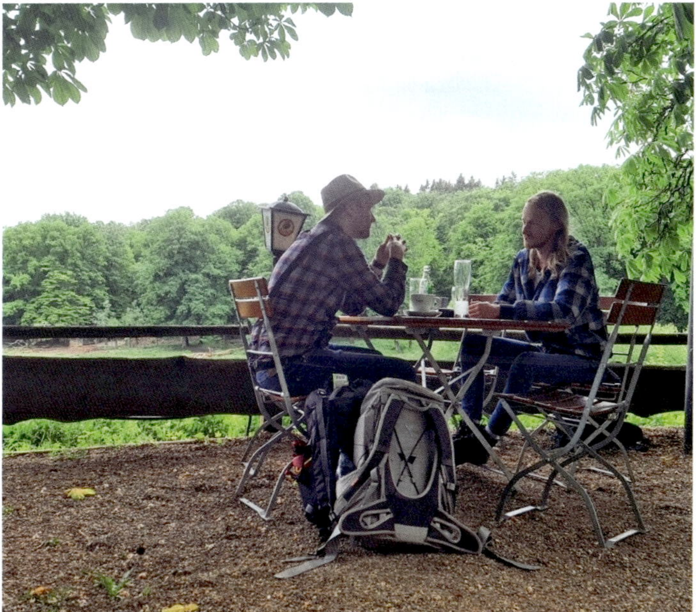

Der Forsthof Klaushof liegt optimal für eine kleine Mittagsrast

Der Jagdsitz Hermannsruh wurde im Jahr 1896 erbaut. Da die nahe liegende Quelle bald darauf versiegte und das Jagdhaus nicht mehr versorgen konnte, stellten die Bewohnerinnen und Bewohner des Hauses Milchkannen an den Wegesrand. Wer mit dem Gespann vorbeikam, nahm sie mit nach Burkardroth und füllte sie am Dorfbrunnen wieder mit Wasser auf.

Nach dem Jagdhaus befindet sich rechts eine ⛼ Sitzgruppe, bei der Sie den erdigen Weg in den Wald nehmen. Nach 760 m verlassen Sie den Forstweg und biegen rechts in den schmalen, grasigen Pfad ab. Erneut wird ein Forstweg überquert. Dem Pfad weiter folgend gelangen Sie auf eine Lichtung mit einer ⛼ schön gestalteten Bank. Am Ende der Lichtung liegt unter den Bäumen versteckt eine kleine ✞ **Kapelle ❺**, die allerdings abgeschlossen ist. An der Kapelle spaltet sich der HOCHRHÖNER® in einen eher leichten und einen recht steilen Abstieg. Der steile Abstieg führt direkt an dem Kreuzweg herunter. Unten findet sich an der Andachtsstation eine ⛼ Bank mit Blick über **Stralsbach**. Über den Silberdistelweg erreichen Sie nun das Örtchen. Schon von Weitem ist die exponierte ✞ Bergkirche St. Oswald auf dem Mühlberg (306 m) zu erkennen. Sie gehen auf die Von-Henneberg-Straße über und folgen ihr bis zur Ecke Müllersweg zum 🛏 ✕ **Landgasthof Zum Weißen Rössl**, Ihrem heutigen Etappenende.

Stralsbach 🛏 ✕ ✞ 🚌

🛏 ✕ **Landgasthof Zum Weißen Rössl**, Von-Henneberg-Straße 15, 97705 Stralsbach, ☏ 097 34/201, ✉ kontakt@weisses-roessl-rhoen.de, 💻 www.weisses-roessl-rhoen.de, ÜF EZ ab € 42, DZ ab € 75, 🐕 € 7,50, 🚪 ✕ Mi-Fr ab 17:00, Sa, So 11:30-13:30 und ab 17:00, Mo-Di Ruhetag, daher keine Ankunft für Übernachtungsgäste. Der Landgasthof Zum Weißen Rössl ist vor allem für seine herausragende Küche und die herzliche Wirtin bekannt. Moderne Interpretationen klassischer und regionaler Gerichte, mit 3 Silberdisteln ausgezeichnet

🚌 Busverbindung nach Aschach und Premich

Obwohl im knapp 500 Einwohnerinnen und Einwohner zählenden Stralsbach die schön gelegene Kirche oft als Wehrkirche bezeichnet wurde, gibt es dazu keine Hinweise. In Kriegszeiten flüchtete die Bevölkerung hinter die Mauern des Schlosses Aschach. Entscheiden Sie sich, hoch zur Kirche zu steigen, nehmen Sie am besten den Fußgängerweg unterhalb des Landgasthofes. Die denkmalgeschützte Kirche wurde hier erst vor rund 200 Jahren errichtet. Bei der vorherigen Kirche brach der Turm ein und stürzte auf darunterliegende Gebäude.

☺ Sollten in Stralsbach alle Betten belegt sein, so folgen Sie der Markierung des HOCHRHÖNERS® für 2,9 km ins benachbarte **Frauenroth** 🛏 **B&B** ✞. Dort besteht die Möglichkeit, in zwei Ferienwohnungen unterzukommen. Zwar lässt sich in Frauenroth Abendessen von zwei Pizzerien liefern, allerdings bestehen im Ort selbst keine gastronomischen Angebote. Am besten speisen Sie daher in Stralsbach zu Abend.

Etappe 2: Von Stralsbach zum Kloster Kreuzberg

21,3 km, 7 Std. 30 Std., 882 m, 342 m, 283-866 m

0,0 km	323 m	Stralsbach
2,9 km	286 m	Frauenroth B&B
8,5 km	307 m	Premich
10,9 km	330 m	Trinkwasserquelle
14,3 km	529 m	Langenleiten BANK
21,3 km	871 m	Kloster Kreuzberg

Nach dem gestrigen Warmwerden steigen Sie heute in die Hochrhön auf. Am Salzforst durchwandern Sie zunächst viele katholisch geprägte, kleine Orte und Landschaften. Mit Langenleiten durchqueren Sie eine Ortschaft mit außergewöhnlicher Siedlungsgeschichte und können eine Vielzahl an regionstypischen Skulpturen bestaunen.

Anschließend verläuft ein idyllischer und abwechslungsreicher Abschnitt über Bergwiesen, durch dunkle Wälder, über Brücken und kleine Furten zum Fuße des Kreuzberges. Der abschließende Aufstieg hat es aber in sich, denn fast die gesamten Höhenmeter werden hier in einem Rutsch durch einen Wald am Südhang des „Heiligen Berges der Franken" absolviert. Am Kloster ist die Krönung jeder Wanderung der Abstecher zur Golgotha-Kreuzigungsgruppe auf dem Gipfelmassiv oberhalb des Klosters. Wer den beschwerlichen Aufstieg über die Hunderten Treppenstufen schafft, hat sich das süffig-würzige Klosterbier verdient.

Starten Sie direkt vor dem Landgasthof Zum Weißen Rössl. Eine Tafel an der Außenmauer verrät Ihnen, dass Sie auch einen Teil des Wasserweges wandern. Es tauchen immer wieder alte Relikte auf, die zu früheren Bewässerungssystemen gehören. Nehmen Sie die Straße aus Stralsbach hinaus, die bald in einen landwirtschaftlichen Weg mündet. Nach 1,1 km halten Sie sich an der T-Kreuzung links und gehen auf den befestigten Weg über. Queren Sie die Straße (Staatsstraße 2430) sowie den Fluss Aschach und umkurven Sie den landwirtschaftlichen Hof Borstmühle (Busanbindung nach Premich, Stralsbach, Burkardroth und Bad Kissingen).

Hinter dem Hof wandern Sie links den Weg zwischen einer Weide und dem Wald entlang und biegen nach 330 m nach rechts auf einen Wiesenpfad ab. Dazu müssen Sie die eingefallene Brücke über das Rinnsal nehmen. Anschließend wandern Sie für 800 m durch eine recht hohe Wiese. ☝ Den Weg erkennen Sie hier vor allem an den wenigen, niedergetrampelten Grashalmen. An der nächsten T-Kreuzung halten Sie sich auf dem landwirtschaftlichen Weg rechts und wandern nun hinab nach **Frauenroth**.

Auf dem Weg in das Örtchen weist Sie ein Infoschild daraufhin, dass rechts von Ihnen ein besonderer Apfelbaum steht. Mit 18 m Kronendurchmesser und einen Stammumfang von 3,5 m ist es der größte Apfelbaum der gesamten Rhön.

Die eigentliche Besonderheit ist aber, dass selbst erfahrene Pomologen diesen Baum keiner Sorte zuordnen können. Es wird daher davon ausgegangen, dass er genetisch einmalig ist. Um diese Rarität zu erhalten, wird die Art derzeit auf einer großen Streuobstwiese im Ort Hausen nachgezüchtet.

Sie gelangen über den Schmalzmühlweg nach Frauenroth.

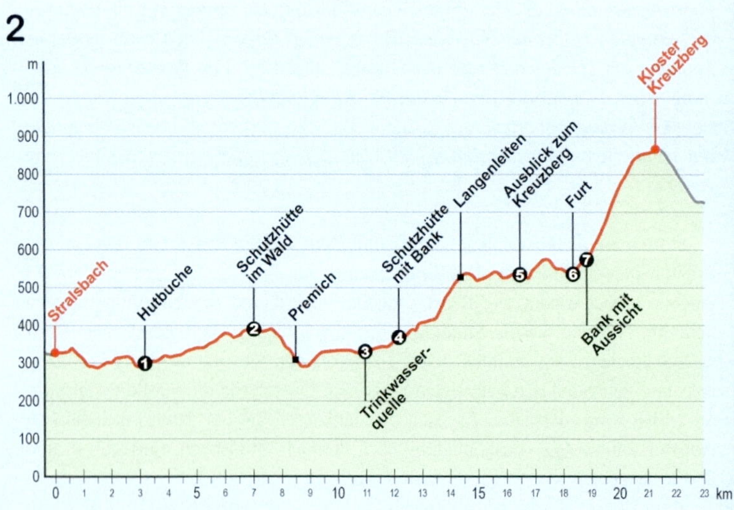

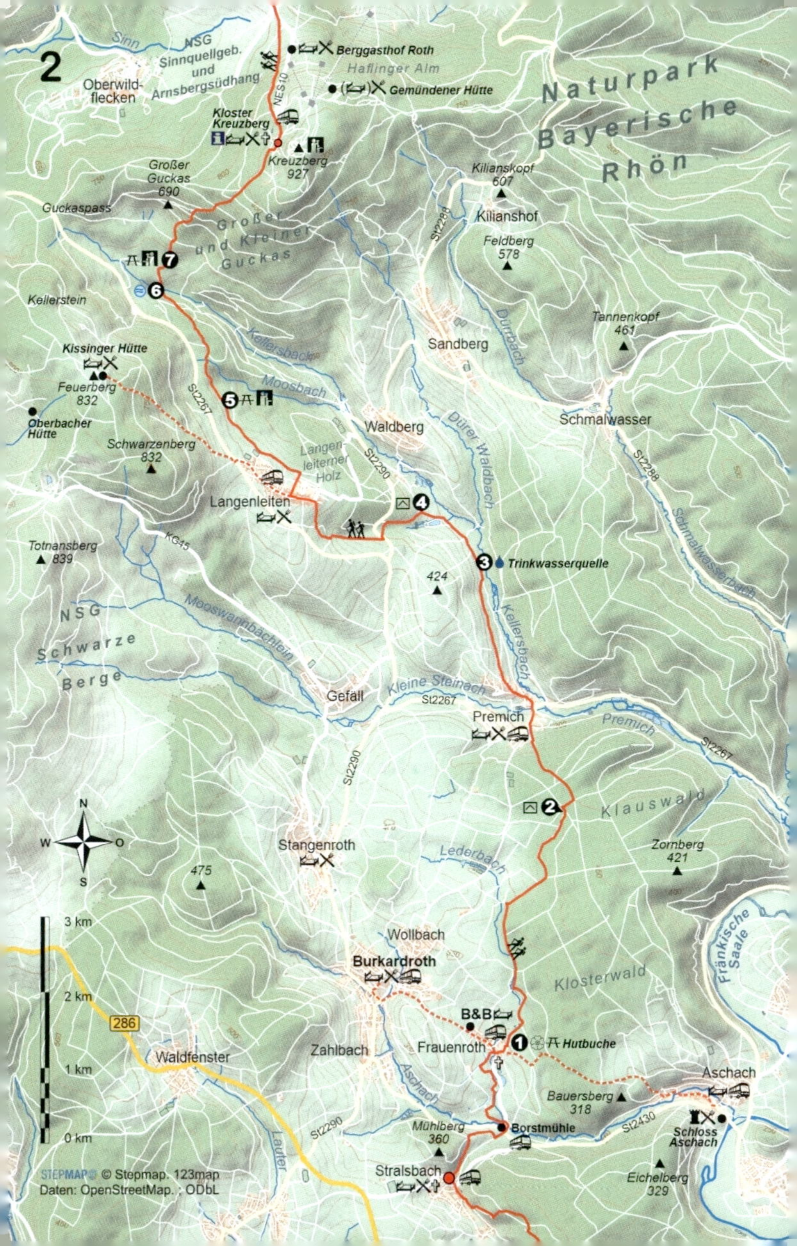
2
Sinn
NSG
Sinnquellgeb.
und
Arnsbergsüdhang
Oberwild-
flecken
Berggasthof Roth
Haflinger Alm
Gemündener Hütte
NES10
Naturpark
Bayerische
Rhön
Kloster
Kreuzberg
Kreuzberg
927
Großer
Guckas
690
Guckaspass
Großer
und Kleiner
Guckas
Kilianskopf
607
Kilianshof
St2288
Feldberg
578
7
6
Kellerstein
Kellersbach
Kissinger Hütte
Feuerberg
832
Oberbacher
Hütte
Moosbach
5
St2267
Sandberg
Dürrbach
Tannenkopf
461
Schmalwasser
Waldberg
Dürer Waldbach
Langen-
leiterner
Holz
St2290
Schwarzenberg
832
St2288
Schmalwasserbach
Langenleiten
4
KG45
3
Trinkwasserquelle
Totnansberg
839
424
NSG
Schwarze
Berge
Mooswannbächlein
Kellersbach
Gefäll
Kleine Steinach
St2267
Premich
Premich
St2267
St2290
2
Klauswald
N
W
O
S
Stangenroth
Lederbach
Zornberg
421
475
3 km
2 km
1 km
0 km
Wollbach
Burkardroth
Fränkische
Saale
Klosterwald
286
B&B
1
Hutbuche
Frauenroth
Zahlbach
Waldfenster
Aschach
Aschach
Bauersberg
318
Borstmühle
St2430
Schloss
Aschach
Mühlberg
360
St2290
Stralsbach
Eichelberg
329
Lauter
STEPMAP © Stepmap. 123map
Daten: OpenStreetMap.; ODbL

Frauenroth

🛏 B&B ✝ 🚌

🛏 **B&B Ferienwohnung Zur Fliegerbank**, Steinwiesenfeld 1, 97705 Frauenroth, ☎ 097 34/78 61, 💻 www.fewo-fliegerbank.de, vermieten FeWo und auch Einzelzimmer als B&B für Wanderinnen und Wanderer, EZ ab € 35, DZ ab € 48, F € 8, 🐕 € 5, mit Selbstversorgungsküche und sehr hilfsbereiten Gastgebenden

🚌 Busanbindung nach Premich, Stralsbach, Burkardroth und Bad Kissingen

Frauenroth entstand ursprünglich durch eine **Klostergründung des Zisterzienserinnenordens**. Der Graf von Botenlauben hatte die gleichnamige Burgruine in Bad Kissingen zum Bau und Unterhalt des romanischen Klosters verkauft. Nach Vollendung zog er sich mit seiner Frau Beatrix aus dem weltlichen Umfeld zurück. Beide haben sich in der ✝ **Klosterkirche** begraben lassen. Zu der Zeit des Klosters gehörte der heutige Gemeindesitz Burkardroth zum inzwischen deutlich kleineren Frauenroth. Der Volkssage nach soll der Name des Ortes durch alte Weiber entstanden sein, die der Gräfin einen verlorenen Schleier in die Burg Botenlauben im heutigen Bad Kissingen brachten. Auf die Frage, wo die Weiber den Schleier aufgegriffen haben, sollen sie die Gräfin in mundartlicher Manier in ein Ratespiel verwickelt haben: „Frau (zur Gräfin), roth (rate)." Da wo die alten Weiber den Schleier fanden, wurde das Kloster errichtet und als Frauenroth bezeichnet. Das Kloster wurde im 17. Jahrhundert nach Kriegsplünderungen bis auf das Mittelschiff der Kirche (das heute als Dorfkirche genutzt wird) abgebrochen. Daraufhin begann die Siedlung auf dem ehemaligen Klostergelände.

☺ Seien Sie bei der Besichtigung der Klosterkirche nicht zu scheu. Sie müssen nämlich hinter den Altar treten, um die Grabmale des Grafen von Botenlauben und seiner Frau Beatrix sowie den sagenumwobenen Schleier zu finden.

↳ Burkardroth 🛏 ✕ 🛒 🚌 ist am besten entlang der Minnesängerstraße (nicht zu verfehlen) in 2,1 km zu erreichen. Die Straße wird nach Verlassen des Ortes zur Frauenrother Straße. Dieser folgend gelangen Sie direkt nach Burkardroth zur Straße Am Vogelsberg. Diese mündet wenig später Am Roten Rain. Halten Sie sich schließlich rechts in die Untere Marktstraße.

Überqueren Sie in Frauenroth die Minnesängerstraße und wandern die Straße An der Klostermauer schräg gegenüber hoch. Nach 110 m biegen Sie am Abzweig nach links ab und wandern weiter zum Wanderparkplatz Hutbuche ⛼. Am Abzweig ist auch mit grünem Ö ein Zubringer nach **Aschach** 🛏 ✕ ♜ ⌘ 🚌 markiert.

Folgen Sie der Markierung des grünen Ö, sind Sie in 2,3 km im Ort Aschach. Dort ist das Schloss Aschach besonders sehenswürdig und mit einem Ausflug in das benachbarte Bad Bocklet auch tagesfüllend.

Museen Schloss Aschach ist eher eine Schlossanlage, die eine Landschaft von drei Museen beheimatet: Volkskundemuseum, Schulmuseum und besonders schön das große Graf-Luxburg-Museum im eigentlichen Teil des Schlosses.

♦ Schlossstraße 24, 97708 Aschach, ☏ 097 08/70 41 88-20, schloss.aschach@bezirk-unterfranken.de, www.museen-schloss-aschach.de, Di-Sa 14:00-17:00, So 11:00-17:00

Aschacher Schlossstuben, Schlossstraße 24, 97708 Aschach, ☏ 097 08/357, info@aschacher-schlossstuben.de, www.aschacher-schlossstuben.com, Di-Sa 11:00-20:30, So 11:00-19:00

Von dem Naturdenkmal Hutbuche ❶ sind nur noch die eingezäunten Überreste zu sehen.

Unter dem großen Kronendach wurde bis ins Jahr 2017 das Hutbuchenfest gefeiert. Ein Sturmtief machte dem 350 Jahre alten Baum schließlich den Garaus. Aus naturschutzfachlicher Sicht ist das Totholz wertvoll und bleibt daher liegen. Nach 320 m halten Sie sich an der Kreuzung links und bei der nächsten Möglichkeit rechts auf einen erst grasigen, dann recht matschigen Weg. Sie laufen 1,2 km durch einen Mischwald und an einem ausgetrockneten Bachbett entlang. Halten Sie sich bei der nächsten Waldöffnung rechts nach oben. Von hier aus zweigt ein markierter Weg nach **Stangenroth** ab. Gehen Sie 620 m den Forstweg am Waldrand hoch, auf halber Höhe passieren Sie einen schön gelegenen Picknickplatz. Wenig später können Sie in den kleinen Weg links in den Wald einbiegen. Von hier aus schlängelt sich der HOCHRHÖNER® recht schön über einen verwurzelten Pfad zwischen den Bäumen hindurch. An einer **Schutzhütte im Wald** ❷ vorbei gelangen Sie wieder auf einen Forstweg. Sie biegen in die Kernzone des UNESCO-Biosphärenreservates ein. An dem Bildstock im Wald biegen Sie links wieder in einen schmalen erdigen Weg ein. Dem schönen Weg folgen Sie, bis Sie oberhalb von Premich herauskommen. Nach einer halb im Wald versunkenen Wellblechhütte gehen Sie rechts über die Wiese und über den unscheinbaren Wiesenpfad direkt links hinunter in den Ort.

Premich

Busverbindung nach Stralsbach

Premich (ca. 1.000 Einwohnerinnen und Einwohner) wurde nach dem gleichnamigen Zufluss der Fränkischen Saale benannt, den Sie allerdings nicht zu Gesicht bekommen. Der Bach, den Sie in Premich überqueren, ist der Kleine Steinach, später können Sie hier und da den Kellersbach an der Nordflanke erkennen. Diese beiden Bäche verbinden sich erst im Osten des Ortes zu dem Fluss Premich. Der Ort entstand im 16. Jahrhundert durch die lukrativen Rodungsbestrebungen des Salzforstes, initiiert durch das Würzburger Bistum. Der große, damals noch zusammenhängende Wald wurde nach der Salzburg bei Bad Neustadt als Salzforst bezeichnet. Dieser Wald bedeckte einst die gesamten Südhänge der Rhön.

Laufen Sie den Aschacher Weg in den Ort hinein und halten sich auf der Hauptstraße (Steinbergerstraße) rechts. An der auffälligen Pension folgen Sie links der Markierung in die Brückenstraße, wenig später in die Kirchstraße und durchqueren schließlich das Büchsenmacherviertel.

Das Schild „Büchsenmacherviertel" geht nicht auf ehemalige Büchsenmacher zurück, die hier ihr Handwerk betrieben, sondern auf einen Fastnachtsspaß.

Durch den Forst bei Premich führen immer wieder verschlungene Pfade

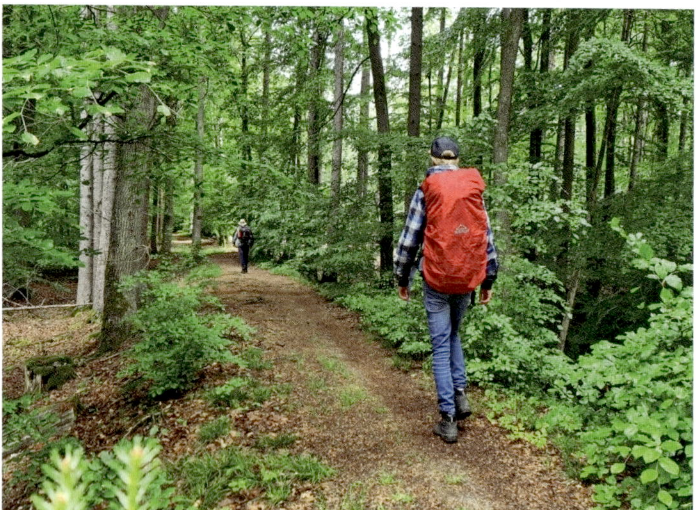

An dem Gefallenendenkmal halten Sie sich rechts und verlassen erst über den Ringweg und dann über den Kreuzbergweg den Ort. Dem Landwirtschaftsweg folgend halten Sie sich nach 1,2 km an der T-Kreuzung links und passieren einen Bildstock und eine Kreuzigungsgruppe. 200 m weiter kommen Sie an einer Bank sowie an einer **Trinkwasserquelle ❸** vorbei. Auf dem Weg haben Sie einen tollen Blick über Waldberg hinaus zum Kreuzberg. Der HOCHRHÖNER® verläuft nun über eine längere Gerade. Sobald Sie die **Schutzhütte und die Bank ❹** sehen, wandern Sie in diese Richtung weiter.

Kurz vor der Straße (Staatsstraße 2290) steigen Sie hinunter in eine Talmulde und überqueren eine mit Eulen verzierte Holzbrücke, ehe Sie wieder heraufsteigen und die Straße passieren. Danach marschieren Sie den teils geschotterten und recht breiten Weg hoch nach **Langenleiten**. Dort erwartet Sie eine Bank mit Blick zurück.

Langenleiten

Ferienwohnung am Kunstanger No. 87, Lindenstraße 87, 97657 Langenleiten, 01 51/23 59 74 49, silkesalhoff@icloud.com, Ü ab € 65, plus € 50 Endreinigung für 4 Personen, F auf Anfrage möglich, € 10

EDEKA, Lindenstraße 58, 97657 Langenleiten, Mo-Fr 7:30-12:30 und 14:30-18:00, Sa 7:00-12:00

♦ **Candy Shop**, Lindenstraße 102, 97657 Langenleiten, 01 52/36 60 74 40, Mi-Fr 16:00-20:00, Sa 11:00-18:00

Bäckerei Metz, Lindenstraße 58, 97657 Langenleiten, ☏ 097 01/285, langenleiten@baeckerei-metz.de, www.baeckerei-metz.de, Mo-Sa 6:30-18:00, So 6:30-12:30

⌘ **Kunstanger**, Lindenstraße, 97657 Langenleiten

Busverbindung nach Bad Neustadt

Langenleiten (ca. 600 Einwohnerinnen und Einwohner) blickt auf eine außergewöhnliche Entstehungsgeschichte zurück. Sobald Sie am unteren Ende des Dorfangers angekommen sind, merken Sie, dass dieses Dorf etwas anders ist als die vielen Haufendörfer in der Rhön. Parallel zu Langenleiten bestehen nämlich mit Waldberg und Sandberg noch zwei weitere nahezu identisch wirkende Dörfer. Alle drei Orte wurden auf auslaufenden Höhenzügen des südlichen Kreuzbergmassives angelegt und mit einer klaren symmetrischen Ordnung versehen: In der Mitte des Dorfes verläuft ein ausladender und gerader Straßenanger, den Häusern vorgesetzt sind kleine Gärten, alle Gebäude haben giebelseitigen Stand und nach hinten schließt eine Scheune an die Häuser an. Die drei Orte sind sinnbildlich für eine Phase **absolutistischer Plansiedlungen**, die einem barocken städtebaulichen Ideal folgten. Mit den sogenannten „Walddörfern" wurde der Salzforst weiter erschlossen. Die Holzwirtschaft stellte damit eine wichtige Einkommensquelle dar. Vor allem die kunstvolle Holzverarbeitung ist als Tradition geblieben. In der sorgenvollen Armut war die **Holzschnitzerei** eine Tugend. Die unbehandelten Holzpferde der Gegend weckten sogar Begehrlichkeiten in Übersee. Heute beherbergt Langenleiten eine Vielzahl an Bildhauerinnen und Bildhauer. Immer wieder weisen kleine, geschnitzte Täfelungen an den Hauswänden auf die darin praktizierende Zunft hin. Wer also Interesse an einem handwerklichen Souvenir hat, dem verrät die Infotafel am Anger die passenden Schnitzstandorte. An dem 1 km langen ⌘ Straßenanger haben sich Kunstschaffende durch geschichtliche Szenen des Ortes verewigt. Unter anderem passieren Sie die Skulptur eines Bauern unter der ❀ Dorflinde.

In **Bischofsheim** in der Rhön lehrt die Staatliche Berufsschule für Holzbildhauer seit dem Jahr 1852 die Kunst der Holzschnitzerei und ist damit die **älteste Holzschnitzschule Deutschlands**. Auch außerhalb der staatlich anerkannten Ausbildung wird Ihnen dort in zahlreichen Kursen das Handwerk nähergebracht.

💻 www.skulpturenschule-bischofsheim.de

↳ Wer lieber in einer Berghütte des Rhönklubs übernachten möchte, wandert am Ende der Lindenstraße über die Staatsstraße 2267 und dann den beinahe geradeaus verlaufenden Höhenweg für 3,2 km zur schön gelegenen 🛏 ✕ **Kissinger Hütte** oben auf dem Feuerberg (832 m) 🚻 ⛩. Von hier aus lässt sich außerdem mit der 🚶 Extratour Basaltweg eine wirklich lohnenswerte Tagestour durch die Schwarzen Berge anschließen.

🛏 ✕ **Kissinger Hütte**, Kissinger Hütte 1, 97657 Langenleiten, ☏ 097 01/286, ✉ kontakt@kissinger-huette.de, 💻 www.kissinger-huette.de, ÜF EZ ab € 70, DZ ab € 96, MBZ ab € 132, Bett im Bettenlager € 35, 🐕 sind willkommen, 🚪 ✕ Di-Do 11:00-21:00, Fr-Sa 11:00-22:00, So 11:00-17:00, So-Di sind keine Übernachtungen möglich. Witterungsbedingt können die Öffnungszeiten abweichen, daher sollten Sie sich vorher auf der Homepage informieren.

Verlassen Sie Langenleiten über den Köhlerweg nach der Kirche und biegen Sie vor dem Wald erneut nach links ab.

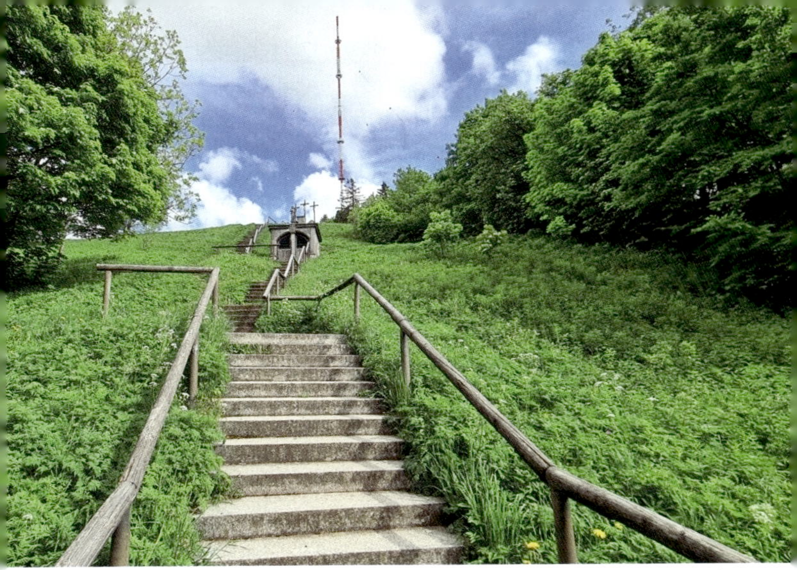

Zum eigentlichen Gipfelkreuz führen zahllose Stufen hinauf

☝ Achten Sie darauf, dass Sie 500 m später den Wiesenweg leicht links nehmen. Der HOCHRHÖNER® ist an dieser Stelle nicht ausreichend markiert.

Bleiben Sie auf diesem Weg. Der folgende Abschnitt ist sehr abwechslungsreich und äußerst attraktiv. Sie laufen immer wieder über blühende Bergwiesen, durch schöne Misch- und Nadelwälder und haben hier und da einen tollen Blick hoch zum Etappenziel, dem Kreuzberg. 700 m nachdem Sie den richtigen Weg genommen haben, kommen Sie an einer schön geschnitzten ⛼ **Bank mit einem weiteren Blick zum Gipfel des Kreuzberges ❺** vorbei.

1,9 km später gelangen Sie an eine Lichtung. Dort überqueren Sie den Moosbach entweder über die Furt mit wasserfestem Schuhwerk oder über die kleine Holzbrücke. Von hier aus beginnt der beschwerliche Aufstieg hoch zum Kreuzberg, denn auf den restlichen 3 km müssen Sie noch knapp 400 Höhenmeter überwinden. Allerdings sind der alte Bärlauch-Buchen-Wald sowie die **nächsten Brücken und Furten ❻**, die immer wieder über einen herabplätschernden Bergbach führen, auch sehr reizvoll. Besonders die 480 m entfernte Lichtung mit ⛼ **Bank ❼** und **Blick auf den gegenüberliegenden Feuerberg** lädt zu einer schönen Erholungspause ein.

Steigen Sie danach den düsteren, nadelbedeckten Fichtenweg hinauf und überqueren Sie den Forstweg in den nächsten Laubmischwald – das Naturschutzgebiet Großer und Kleiner Guckas, eine Kernzone des UNESCO-Biosphärenreservates. 200 m weiter können Sie sich auf einer ⩚ Bank mit Tisch kurz erholen. Sie überqueren erneut einen kreuzenden Forstweg und nicht mehr allzu viel weiter oben haben Sie den Aufstieg geschafft. Dort zweigt auch ein beschilderter Weg zum Neustädter Haus ab. Zum Stand der Recherche hörte jedoch gerade der langjährige Pächter auf. Ein Pächterwechsel stand bis dato nicht zur Debatte. Es könnte sich ggf. lohnen, danach zu recherchieren.

Das letzte Wegstück wandern Sie ganz entspannt über einen breiten, recht ebenen Forstweg. Nach etwa 700 m können Sie am Ende des Weges Licht und die ersten Gebäude der **Klosteranlage Kreuzberg** erahnen. Hinter den Gebäuden biegen Sie rechts hinauf in den asphaltierten Weg an der Friedhofsmauer und anschließend nach links ab. Sie befinden sich nun im Hinterhof der Klosteranlage. Gehen Sie auf die Festzeltgarnituren zu, an dem Schaufenster der Brauerei mit dem großen Brauerkessel vorbei und betreten Sie das Kloster. Hier endet Ihre heutige Etappe.

Der leere Innenhof des Klosters nach den Schließzeiten

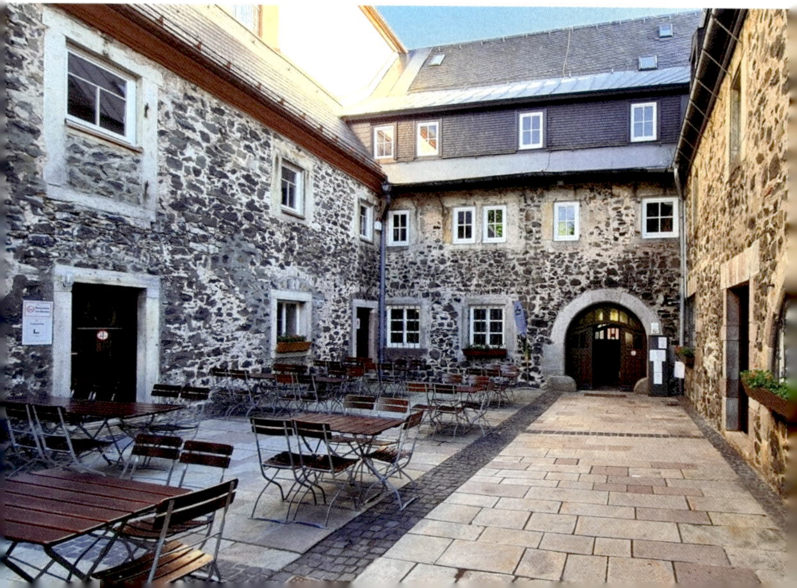

Bevor Sie sich aber das erste würzige Bier der Mönche genehmigen, sollte es gute Tradition sein, über die vielen Steinstufen entlang des Kreuzweges zum eigentlichen Gipfel mit der Golgotha-Kreuzigungsgruppe hinaufzusteigen. Die Aussicht ist ein Muss für jeden Kreuzbergwandernden. Oben finden Sie auch ein paar schön gelegene Holzliegen mit Ausblick auf den Sonnenuntergang.

Bruder-Franz-Haus, Kreuzberg 1, 97653 Bischofsheim in der Rhön, 097 72/93 28 53, info@bruder-franz-haus.de, www.bruder-franz-haus.de, April-Okt 10:00-12:00 und 13:00-18:00, Nov-März 10:00-12:00 und 13:00-16:00

Franziskanerkloster Kreuzberg, Kreuzberg 2, 97653 Bischofsheim, 097 72/912 40, info@kloster-kreuzberg.de, www.kloster-kreuzberg.de, ÜF EZ ab € 40, DZ ab € 80, MBZ ab € 120, drei Flügel stehen zur Auswahl: Während der Fürstenbau und der Antoniusbau modern eingerichtete Zimmer mit Dusche bieten, sind die Zimmer des Franziskusbaus klostertypisch in einem puritanischen Einrichtungsflair gehalten und haben die Dusche auf dem Gang. 1. April-21. Okt täglich 11:00-20:00, 1. Nov-31. März Mo-Do 11:00-18:30, Fr-So 11:00-19:30.

Berggasthof Elisäus, Kreuzberg 2, 97653 Bischofsheim in der Rhön, 097 72/912 40, info@kloster-kreuzberg.de, www.kloster-kreuzberg.de, ÜF EZ ab € 40, DZ ab € 80, MBZ ab € 120, etwas teurer, mit Dusche im Zimmer, Fr 17:00-22:00, Sa 13:30-22:00, So 9:30-17:00

Busverbindung nach Bischofsheim in der Rhön

Als religiöses Zentrum hat das Gipfelmassiv des **Kreuzberges** (927 m) vermutlich eine jahrtausendealte Tradition und wurde zuvor als heidnische Kultstätte genutzt. Katholisch geprägt wurde der Kreuzberg erstmalig durch den Missionar Kilian, der an der Kultstätte Kreuze errichten ließ, von denen der Berg seinen Namen bekam (ehemals Aschberg). Das Kloster wurde jedoch erst im Jahr 1677 durch den **Franziskanerorden** errichtet und konnte der Säkularisation, also der Beschlagnahmung durch den Staat, im 19. Jahrhundert entgehen. Diese Historie hat dem Massiv den Beinamen „**Heiliger Berg der Franken**" eingebracht. Heute unterhält der Franziskanerorden mit dem Kloster Kreuzberg die letzte Ordensbrauerei in Deutschland. Faulhaber, der Erzbischof von München, soll zu Beginn des 20. Jahrhunderts bei einer Stippvisite über die hohen Besucherzahlen spitzfindig Folgendes bemerkt haben: „Den Kreuzberg herauf kam ein endloser Zug, die einen zur Kirche, die anderen zum Krug." Bis ins Jahr 1920 wurde das Bier nämlich an Pilgernde noch kostenlos abgegeben. Diese zeigten sich mit dem sogenannten Biergeld dankbar. Immer größerer Missbrauch führte dann jedoch dazu, dass es nur noch verkauft wurde.

Neben dem umfangreichen Wanderwegenetz und einigen Mountainbikewegen wird gerade zur kalten Jahreszeit der Wintersport an dem Kreuzberg großgeschrieben: Vier Skilifte, eine Winterrodelbahn, etliche Kilometer Loipen und drei Skisprungschanzen zu Trainingszwecken gibt es rund um den Berg.

Wer gerade an Wochenenden, Feiertagen oder religiösen Hochtagen hier übernachten will, sollte trotz des reichhaltigen Übernachtungsangebotes reservieren. Finden Sie dennoch keinen Schlafplatz mehr, liegen am Nord- und am Osthang noch Unterkünfte.

Am meisten Sinn ergibt der **Berggasthof Roth**, da hier auch Einzelübernachtungen möglich sind und der Berggasthof unweit des HOCHRHÖNERS® liegt. Dazu wandern Sie vor dem Klostergelände am großen Parkplatz die Straße für 1,1 km herunter und gelangen direkt zum Berggasthof.

Berggasthof Roth, Kreuzberg 10, 97653 Bischofsheim in der Rhön, 097 72/12 45, gasthof-roth@t-online.de, www.berggasthof-roth.de, Ü EZ ab € 29,50, DZ ab € 70, F ab € 6,50, € 8, Mo-Di 17:00-21:00, Fr 17:00-22:00, Sa 11:00-22:00, So 11:00-21:00, 3 Silberdisteln, in 1,3 km Entfernung vom Kloster Kreuzberg, nahe am HOCHRHÖNER®

Für die Gemündener Hütte folgen Sie vom Kloster Kreuzberg aus der Markierung der Extratour „Kreuzberg“: einem roten K auf weißem Grund. Dieser Wanderweg führt Sie zunächst über den Gipfel des Berges und von da aus zur 1,2 km entfernten Hütte.

() **Gemündener Hütte**, Kreuzberg 22, 97653 Bischofsheim in der Rhön, 097 72/930 28 90, info@rhoenaktiv.de, www.gemuendener-huette.de, Übernachtungen nur für größere Gruppen und ab 2 Übernachtungen, Preis auf Anfrage, Mai-Sep Mo, Di, Do 11:00-18:00, Mi 11:00-20:00, Okt-April Mo-Do 11:00-17:00. 1,1 km vom Kreuzberg entfernt

Mit der Extratour „Kreuzbergtour“ kann eine schöne Tageswanderung angeschlossen werden. Auf 13,3 km wird das Gipfelmassiv des „Heiligen Berges der Franken“ umrundet. Die Wanderung stand vor wenigen Jahren als schönste Tageswanderung Deutschlands zur Debatte.

www.wanderinstitut.de

Etappe 3: Vom Kloster Kreuzberg zur Wasserkuppe

20,5 km, 7 Std. 30 Min., 716 m, 675 m, 596-908 m

0,0 km	871 m	Kloster Kreuzberg
3,1 km	712 m	Abzweig Osterburg
4,7 km	606 m	Oberweißenbrunn
8,3 km	815 m	Würzburger Bergbund-Hütte
14,2 km	852 m	Abzweig HOCHRHÖNER®-Variante Lange Rhön
14,4 km	839 m	Haus am Roten Moor
19,5 km	854 m	Fuldaquelle
20,5 km	908 m	Wasserkuppe

Heute erwandern Sie den höchsten Berg der Rhön, die Wasserkuppe, mit 950 m. Die tiefste Stelle der Wanderung ist der Ort Oberweißenbrunn mit knapp 600 Höhenmetern, damit wird deutlich, dass Sie durch das Herz der Hochrhön wandern. Auf dem Weg runter zur Talstation Oberweißenbrunn haben Sie die Möglichkeit, die Ruine Osterburg auf einem Abstecher mitzunehmen. Sobald Sie Oberweißenbrunn hinter sich gelassen haben, kommen Sie auf eine Bergwiese mit Panoramablick, die ihresgleichen sucht. Über den Rockenstein arbeiten Sie sich langsam, aber stetig den Teufelsberg hoch bis zum Himmeldunkberg. Mit dem Besuch der Würzburger Bergbund-Hütte weichen Sie ein wenig vom Originalwanderweg ab.

Der moderne Kirchturm in Oberweißenbrunn steht breits unter Denkmalschutz

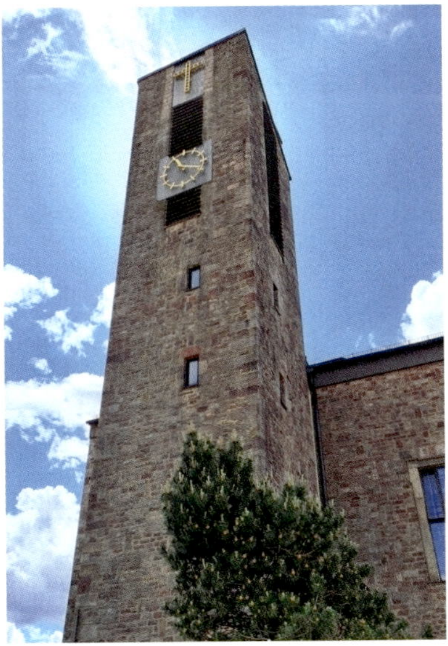

An der Hütte gibt es die Möglichkeit, zu rasten, kurz durchzuatmen und die mitgebrachte Vesper auszupacken. Der Weg führt weiter über die Hohe Hölle und ist wegen der wunderbaren Aussicht empfehlenswert, auf die Sie nicht verzichten sollten. Nach dem Abstieg verläuft der Weg durch den kühlenden Wald weiter über den Bohlenpfad des Roten Moores bis zur Wasserkuppe. Kurz vor der Ankunft können Sie sich an der Frischwasserquelle der Fulda laben. An der Wasserkuppe finden Sie reichlich Einkehr- sowie Freizeitmöglichkeiten und weite Ausblicke über den gesamten Norden und Westen der Rhön bis nach Fulda.

Die Etappe startet beim großen Biergarten im vorderen Hof des Klosters.

Bernhardinerzucht bei den Franziskanern

Unterhalb des Biergartens befindet sich ein Zwinger mit mehreren Bernhardinern. Früher war es ein Erkennungsmerkmal und Tradition von Franziskanerklöstern, eigene Bernhardiner zu halten und sogar zu züchten. Das Kloster Kreuzberg ist inzwischen die einzige Franziskanerniederlassung, die diese Tradition wiederbelebt hat.

An der i Touristen-Information im Bruder-Franz-Haus vorbei nehmen Sie die befestigte Straße in Richtung des großen Parkplatzes. 90 m vor dem Wärterhäuschen des Parkplatzes führt ein schmaler Pfad herab in den Wald. Auf dem Untergrund finden Sie noch alte Wackersteine – die Zeugen eines historischen Straßenverlaufes.

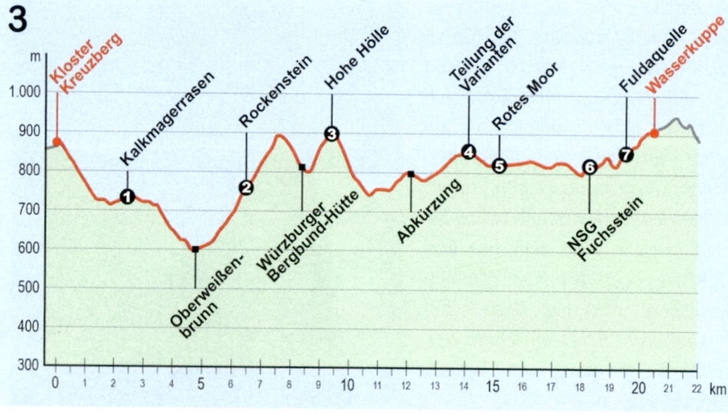

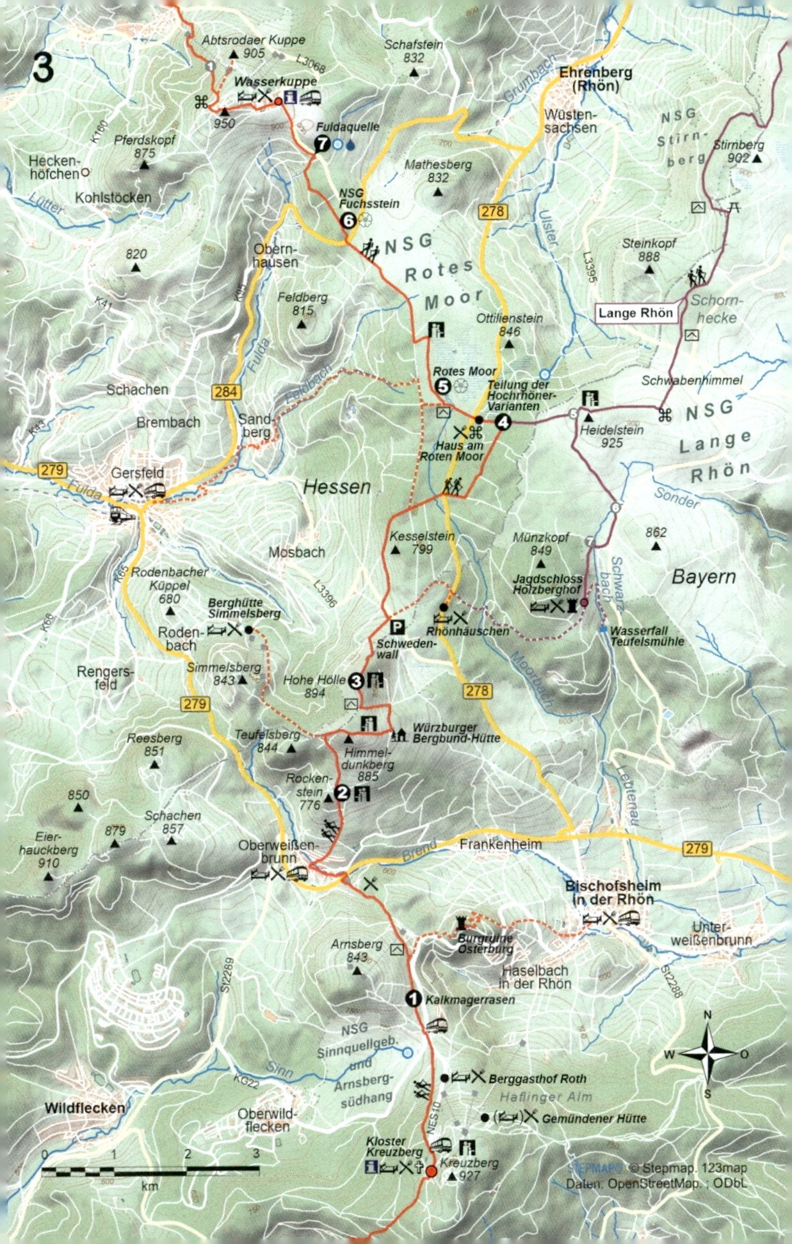

3
Abtsrodaer Kuppe 905
Wasserkuppe
950
Fuldaquelle
Schafstein 832
Ehrenberg (Rhön)
Wüstensachsen
NSG Stirnberg
Stirnberg 902
Pferdskopf 875
Heckenhöfchen
Kohlstöcken
Mathesberg 832
NSG Fuchsstein
NSG Rotes Moor
820
Obernhausen
Feldberg 815
Steinkopf 888
Lange Rhön
Schornhecke
Ottilienstein 846
Rotes Moor
Teilung der Hochrhöner-Varianten
Schwabenhimmel
Schachen
Brembach
Sandberg
Haus am Roten Moor
Heidelstein 925
NSG Lange Rhön
Gersfeld
Hessen
Kesselstein 799
Münzkopf 849
862
Mosbach
Jagdschloss Holzberghof
Bayern
Rodenbacher Küppel 680
Berghütte Simmelsberg
Rodenbach
Rhönhäuschen
Schwedenwall
Wasserfall Teufelsmühle
Rengersfeld
Simmelsberg 843
Hohe Hölle 894
Teufelsberg 844
Würzburger Bergbund-Hütte
Reesberg 851
Himmeldunkberg 885
Rockenstein 776
850
Schachen 857
879
Eierhauckberg 910
Oberweißenbrunn
Frankenheim
Bischofsheim in der Rhön
Burgruine Osterburg
Unterweißenbrunn
Arnsberg 843
Haselbach in der Rhön
Kalkmagerrasen
NSG Sinnquellgeb. und Arnsberg-südhang
Berggasthof Roth
Haflinger Alm
Gemündener Hütte
Wildflecken
Oberwildflecken
Kloster Kreuzberg
Kreuzberg 927
0 1 2 3 km
© Stepmap, 123map
Daten: OpenStreetMap.; ODbL

Sobald Sie den Wald nach 900 m verlassen, sehen Sie neben sich wieder die Straße, die hoch zum Kreuzberg führt. An dem Ausblick ist Ihre heutige Tour gut ablesbar. Die Wanderung führt über den vor Ihnen liegenden Arnsberg herunter ins tief gefurchte Tal und dahinter steigt der Weg den Himmeldunkberg und die Hohe Hölle empor. Auch wenn der Schönborn kein Trinkwasser führt, können Sie Ihr Gesicht noch ein letztes Mal erfrischen. Sie folgen dem breiten Rasenweg für etwa 700 m, ehe die Kreuzbergstraße Ihren Weg kreuzt. Sie passieren eine schön geschnitzte Bank des HOCHRHÖNERS®. Seitlich an der Straße befindet sich eine Bushaltestelle (nach Bischofsheim in der Rhön).

☺ Auf den anschließenden 800 m Wiesenpfad über den **Kalkmagerrasen ❶** heißt es Augen auf. Im August und September blühen hier die für die Rhön so charakteristischen, handtellergroßen **Silberdisteln**.

Die Silberdistel

Umgangssprachlich wird die beinahe stängellose Pflanze aufgrund des reichen Vorkommens in dem Mittelgebirge auch Rhöndistel genannt. Wie der Name schon mitteilt, ist sie an den silbrig glänzenden Blütenblättern unverkennbar. Aber Achtung, lassen Sie sich nicht hinreißen, eine zu pflücken. Diese Art steht unter strengem Naturschutz. Damit die Silberdistel überleben kann, bedarf es viel Pflege und menschlicher wie auch tierischer Unterstützung: Die Silberdistel ist auf mageres und kalkreiches Grünland und sehr sonnige Standorte angewiesen. In der Rhön werden diese Offenlandschaften insbesondere durch Weidevieh, wie Kühe, das Rhönschaf, aber auch Ziegen, erhalten.

☺ Im anschließenden kleinen Wäldchen stehen die Chancen hoch, dass Sie Ihre erste Herde **Rhönschafe** sehen. Sie erkennen sie an dem charakteristischen schwarzen Kopf.

Kurz vor dem Arnsberglift kann ein Abzweig genommen werden, der zu der 1,2 km entfernten **Burgruine Osterburg** führt. Wer die alten Ruinen besichtigen will, sollte für die ⇔ hin und zurück rund 2,3 km lange Strecke eine gute Stunde mehr einplanen. Keines der etwa 1.000-jährigen Gebäude ist mehr erhalten, dafür sind auf dem großen Gelände noch viele Mauer- und Turmreste zu erkennen. Zudem besteht ein guter Ausblick auf den Kreuzberg und runter zur Stadt Bischofsheim in der Rhön. Zur Ruine hoch führt Sie der Rhön-Rundweg Nr. 6 – eine weiße sechs auf blauem Grund.

Von der Osterburg führt ein 2,1 km langer Stichweg nach **Bischofsheim in der Rhön**.

Auf dem ausgetrampelten Wiesenweg geht es weiter an einer Wetterschutzhütte mit einem guten Blick ins Land vorbei. Im Hintergrund sehen Sie bereits die bewaldete Kuppe der **Ruine Osterburg**.

Sie kreuzen die Piste des **Arnsbergliftes**.

Im schneereichen Winter müssen Sie bei Betrieb der Doppelliftanlage 160 m Richtung Parkplatz absteigen. Der Weg wird dadurch unmerklich länger und ist selbsterklärend, denn nach dem kurzen Absteigen, halten Sie sich nach der Skihütte links und sind wenige Meter später wieder auf dem HOCHRHÖNER®.

Nach dem Arnsberglift führt der Weg rund 1 km durch eine Waldöffnung hinunter zur **Talstation Oberweißenbrunn**. Auf dem Weg nach unten passieren Sie eine Bank mit einem kleinen Schrein.

Kurz vor der Talstation befinden sich rechts zwei kleine Imbisse, die aber nur zur Skisaison öffnen, sowie ein Wanderparkplatz. Links befinden sich einige schattig gelegene Bänke und der Arnsbergbrönn, leider ohne Trinkwasser.

Arnsbergimbiss Utes Bude und Arnsbergstüberl, 097 72/86 71, nur in der Skisaison

Vorbei an der Talstation biegen Sie rechts auf die asphaltierte Straße ab und unterqueren kurz darauf linker Hand die Bundesstraße. Verlassen Sie nach der Unterquerung den asphaltierten Weg nach rechts über einen schmalen Wiesenpfad nahe dem Bach Brend und wandern direkt auf den Gasthof Mühlengrund zu. Nachdem Sie den Innenhof des Gasthofes durchquert haben, sind Sie in **Oberweißenbrunn** angekommen.

Oberweißenbrunn

Gasthof-Pension Mühlengrund, Mühlengrund 3-5, 97653 Oberweißenbrunn, 097 72/445, www.zum-muehlengrund.de, ÜF EZ € ab 40, DZ ab € 76, € 6 (auf Anfrage), Do-Mo 9:00-14:00 und ab 17:00, Nov-Mitte Dez geschlossen

♦ **Gasthof Zum Lamm**, Geigensteinstraße 26, 97653 Oberweißenbrunn, 097 72/930 30, 01 73/608 43 37, info@gasthof-zum-lamm.de, www.gasthof-zum-lamm.de, ÜF EZ ab € 40,50, DZ ab € 74, Abendessen nur auf Vorbestellung, € 7,50. Zur Zeit der Recherche fand gerade ein Pächterwechsel statt, daher muss sich rechtzeitig erkundigt werden.

Gasthof Rhönlust, Geigensteinstraße 50, 97653 Oberweißenbrunn, ☏ 097 72/442, info@gasthof-rhoenlust.de, www.gasthof-rhoenlust.de, ÜF EZ ab € 33, DZ ab € 60, € 3 (auf Anfrage), Restaurant nach Absprache geöffnet

Michael Back, Bäckerei, Geigensteinstraße 25, 97653 Oberweißenbrunn, ☏ 097 72/421, Mo-Sa 6:30-11:00, Di-Fr 14:00-16:00

Bio Rhönbauer, Mühlengrund 45, 97653 Oberweißenbrunn, ☏ 097 72/411, info@bio-rhoenbauer.de, www.bio-rhoenbauer.de, Mi 7:00-18:00, Sa 8:00-13:00

♦ **Lemons Scheunenbrand**, Getränkemarkt, Kirchhofsweg 1, 97653 Oberweißenbrunn, ☏ 097 72/71 73, Mo-Fr 16:30-23:00, Sa 16:00-19:00

Busverbindung nach Gersfeld und Bischofsheim in der Rhön

Oberweißenbrunn (590 Einwohnerinnen und Einwohner) ist der höchstgelegene Ort Unterfrankens. Im Laufe des vergangenen Jahrhunderts wurde Oberweißenbrunn immer mehr zu einem Zentrum des Wintersportes und ist deshalb gerade in schneereichen Zeiten gut besucht. Sollte hier eine Übernachtung geplant werden, so empfiehlt es sich, in der kalten Jahreszeit zeitig zu reservieren. Von der ehemaligen Doppelturmhügelburg im Südwesten des Ortes sind kaum noch mehr als ihre Ringwälle zu erahnen. Der Weg dorthin lohnt sich daher nicht.

Am rauschenden Wasser laufen Sie entlang der Straße Mühlengrund bis hoch zur Bushaltestelle und dann die Geigersteinstraße entlang, an der denkmalgeschützten ✞ **St.-Antonius-Eremit-und-St.-Vitus-Kirche** vorbei. Die Kirche wurde aus Bruchsandstein aus der näheren Umgebung gebaut und ist mit ihrem gerade einmal 60-jährigen Bestehen schon denkmalgeschützt. Zwar gibt es in Oberweißenbrunn viele Brunnen, es führt keiner davon trinkbares Wasser. Sie laden dennoch dazu ein, sich Arme und Gesicht zu erfrischen. Bei der nächsten Möglichkeit biegen Sie hinunter in die Mühlackerstraße und laufen durch die Senke, wo Sie nun ein letztes Mal die **Brend** fließen sehen können. Kurz darauf gehen Sie leicht links die Rockensteinstraße hinauf. Wie der Name schon andeutet, beginnt ab hier der 3 km lange Aufstieg, der zunächst über den Berg Rockenstein führt und damit den langen Aufstieg zur 300 Höhenmeter höher gelegenen **Hohen Hölle** einleitet.

Die Straße mündet in einem geschotterten landwirtschaftlichen Weg. Eine schön gelegene Bank bietet Überblick über Oberweißenbrunn und zurück auf Arns- und Kreuzberg. Der Weg endet nach 600 m und geht in zwei lang

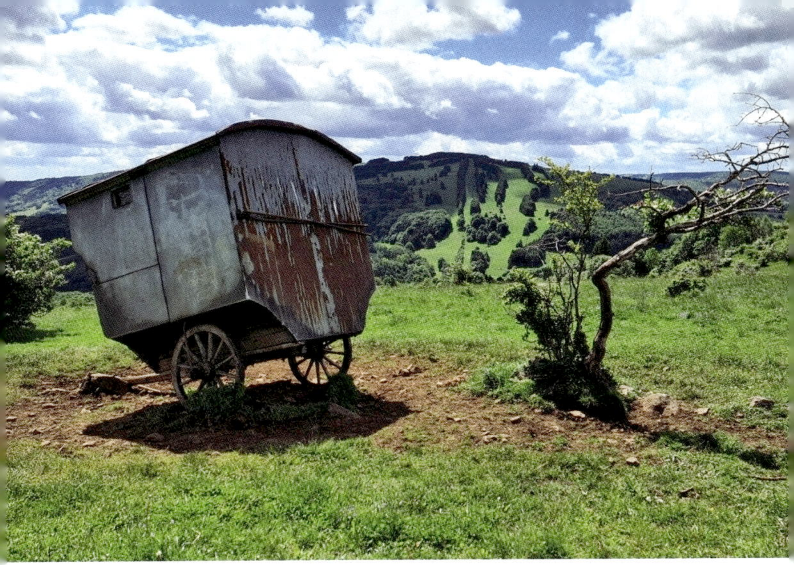

Schäferswagen am Himmeldunkberg

ansteigende Wiesenpfade über. Nehmen Sie den linken und folgen Sie ihm, bis Sie links steinige Kuppen und weiter vorne das **Gipfelkreuz des Rockensteins** ❷ sehen. An den Felsformationen des **Rockensteins**, aber auch rechts unterhalb des **Himmeldunkberges** gibt es eine Ganzjahres-Bioweide mit allerlei Tieren – von Eseln und Ziegen bis hin zu Fleckvieh, das in den umliegenden Märkten als Bioweiderind verkauft wird. Sind Sie am oberen Ende des langen Wiesenpfades angekommen, können Sie sich auf einer weiteren gut gelegenen Bank erholen und die erarbeitete Teilstrecke auf sich wirken lassen.

Möchten Sie gerne in der schön gelegenen **Berghütte Simmelsberg** übernachten oder einkehren, können Sie an dieser Bank links und anschließend direkt rechts runter den Weg nehmen.

Berghütte Simmelsberg, Dammelhof 62, 36129 Gersfeld, ☎ 066 54/91 87 80,
www.simmelsberg-huette.de, Bett ab € 30, € 5,
Do-Fr 14:00-20:00, Sa 11:00-20:00, So 11:00-18:00

Anschließend marschieren Sie die weite Wiesen nach rechts und kommen kurz darauf zu einer Picknickgruppe. An dieser Stelle des **Himmeldunkberges** (885 m) haben Sie zwei Varianten.

Ans Herz legen möchte ich daher eine attraktive Abweichung vom ausgeschilderten HOCHRHÖNER®, die nur wenig länger, dafür an Schönheiten um einiges reicher ist. Da dieser Weg eindeutig reizvoller ist als der offiziell ausgeschilderte Weg, wurde er auch für die GPS-Daten verwendet.

↳ Folgen Sie alternativ der Kennzeichnung des Weges, so können Sie zunächst geradeaus hinaufsteigen und weiter der Markierung durch den kleinen Hain folgen. Dieser Weg führt Sie allerdings bald daraufhin recht unspektakulär runter zum P Wanderparkplatz **Schwedenwall**.

Auf dem vom markierten HOCHRHÖNER® abweichenden Weg wandern Sie hinter der Picknickgruppe den unscheinbaren Wiesenweg weiter. Sie erkennen den Weg nur an wenigen Spuren. Bei der Recherche für dieses Buch wurde aber ein neues Gipfelkreuz errichtet, dieses dürfte bei Erscheinen des Buches bereits stehen. Daran können Sie sich dann orientieren. Kurz daraufhin öffnet sich das Land unter Ihnen und Sie wandern 600 m lang auf einem Panoramaweg. Bald darauf erkennen Sie in den Tannen die **Würzburger Bergbund-Hütte** – eine Berghütte des Deutschen Alpenvereins nach alpinen Vorbildern. Hier können Sie sich auf den Bänken niederlassen, wochenends ein kühles Bier kaufen und Ihre mitgebrachte Vesper bei einem klasse Blick zurück genießen. Ihr heutiger Weg lässt sich von hier nämlich prima nachverfolgen: der Arnsberg, das Massiv des Kreuzberges im Hintergrund, daneben die kleine Stadt Bischofsheim, die wehenden Fahnen an der Osterburg und unten in der Tallage Oberweißenbrunn.

Die **Würzburger Bergbund-Hütte** liegt auf 835 Höhenmetern am Hang des Himmeldunkberges und wurde im Jahr 1959 eröffnet. Das Besondere ist, dass sie nur zu Fuß erreicht werden kann. An Wochenendtagen ist draußen ein kleiner Getränkeausschank.

Würzburger Bergbund-Hütte, N 50°25.395' E 009°58.100', ☏ 09 31/32 95 40 99, info@bergbund-wuerzburg.de, www.bergbund-wuerzburg.de, 45 Betten, Bett ab € 10 (Alpenvereinsmitglieder € 5), keine Hunde, keine Duschen, Selbstversorgung, Übernachtung nach Absprache von Fr-So. ☺ Eine Reservierung für die Übernachtung muss dringend vorher erfolgen, da die Hütte sonst nicht geöffnet ist. Hüttenschlafsack, Hüttenschuhe sowie Taschenlampe müssen mitgebracht werden, fließend Wasser ist vorhanden. Die Hütte wird auch im Winter beheizt. Speisen müssen mitgebracht, Getränke können vor Ort gekauft werden.

Hinter der Würzburger Bergbund-Hütte verläuft der Weg weiter über eine 300 m lange Schotterpiste. Biegen Sie nach der Schranke links nach oben ab und gehen Sie den Wiesenweg hoch bis an die hölzerne Schutzhütte. Dort halten Sie sich rechts. Ab hier steigen Sie den grasigen Pfad weiter nach oben zur **Hohen Hölle ❸** (894 m). An der Bank haben Sie den höchsten Punkt erreicht.

Oben angekommen stehen Sie inmitten einer magentafarbenen Pracht aus Schmalblättrigen Weidenröschen.

☺ Wenn Sie die Augen offen halten, können Sie sogar nahe dem Weg die eine oder andere **Türkenbundlilie** mit ihren exotisch anmutenden Fruchtkelchen erkennen.

Kaum zu glauben, dass die Kuppe hier bis vor wenigen Jahren noch bewaldet war. Der Waldumbau macht sich bezahlt, von hier aus haben Sie sagenhafte Ausblicke in den Süden und in den Norden. Am Horizont lassen sich bei klarer Sicht schon die nächsten Mittelgebirge erahnen. Wenn Sie weitergehen, sehen Sie mit der Wasserkuppe das erste Mal das Ziel der heutigen Etappe. Ihr markantes Markenzeichen ist das kugelförmige Radom.

Über die Hohe Hölle verläuft auch die Landesgrenze von Hessen und Bayern. Am Nordhang informiert Sie an einer Bank eine Tafel über die historische Bedeutung des Geländes. Während des 30-jährigen Krieges sind die Schweden bis an diese Stelle vorgedrungen und haben den sogenannten Schwedenwall errichtet – einen Graben, hinter dem die Soldaten Schutz bei Angriffen suchten und zugleich eigene Geschütze aufstellten. Sie brauchen viel Kreativität, um noch etwas von dem ⌘ Bodendenkmal zu erkennen.

Der Abstieg ist etwas steil, denn auf dem nächsten Kilometer steigen Sie wieder 200 Höhenmeter herab. Der steile Wiesenweg mündet in einem geschotterten Abschnitt, bei dem Sie sich rechts in Richtung des Wanderparkplatzes halten.

Ab diesem Parkplatz erreichen Sie das gemütliche Rhönhäuschen in 1,4 km. Wandern Sie dazu auf der anderen Straßenseite den Forstweg hinauf, der Sie am Waldrand entlangführt. Biegen Sie an der ersten Möglichkeit nach rechts ab und halten Sie sich an der T-Kreuzung an der Straße erneut rechts. Nach wenigen Metern haben Sie das Rhönhäuschen erreicht.

✕ **Rhönhäuschen**, Rhönhaus 1, 97653 Bischofsheim in der Rhön, ☏ 097 72/322, info@rhoenhaeuschen.de, www.rhoenhaeuschen.de, ÜF EZ ab € 75, DZ ab € 95, MZ ab € 140, € 10, ✕ Mi-So 11:30-22:00

Vor dem Wanderparkplatz halten Sie sich kurz links, queren bei der nächsten Möglichkeit die Straße und folgen gegenüber dem Forstweg, auf dem Sie an den Kuhherden und kurz darauf an einer Herde Rhönschafe vorbeikommen. Sobald Sie den **Kesselstein** (799 m) umkurvt haben, befinden Sie sich bis hoch zur Wasserkuppe überwiegend in einem Wald.

Ab nun folgt ein unspektakulär verlaufender Waldabschnitt über einen breiten Forstweg für 2,3 km. Nehmen Sie daher noch einmal den schönen Blick auf Ihr Etappenziel, der **Wasserkuppe**, mit, bevor Sie in den Wald hineingehen.

Wenn Sie möchten, können Sie die Etappe hinter dem Kesselstein (799 m) abkürzen, indem Sie links in den Forstweg abbiegen. An einem groß angelegten Picknickplatz mit Schutzhütte sollten Sie aber wieder nach rechts und anschließend nach links abbiegen, um das Rote Moor nicht zu verpassen. Diese Abkürzung ist ebenfalls interessant für Wandernde, die sich für die Variante über die Lange Rhön entschieden haben und das Rote Moor mitnehmen wollen.

Wenn Sie auf dem Originalweg des HOCHRHÖNERS® weiterlaufen, haben Sie die Möglichkeit, im Haus am Roten Moor ein kleines Mittagessen zu sich zu nehmen. Folgen Sie dafür der Markierung. Nach 2,1 km Forstweg halten Sie sich an der schönen, hölzernen Sitzgruppe mit den Eulen links. An dieser Sitzgruppe teilt sich der HOCHRHÖNER® in die **Varianten Kuppenrhön und Lange Rhön ❹**. Landschaftlich haben beide Varianten einen unterschiedlichen und sehr ansprechenden Charakter – entscheiden Sie selbst! (Variante Lange Rhön weiter ab ☞ Seite 121)

Sie erreichen das **Haus am Roten Moor.**

Haus am Roten Moor, Wanderparkplatz Moordorf, 36129 Gersfeld, info@NABU-Hausamrotenmoor.de, www.nabuhausamrotenmoor.de, Mi-So 11:00-18:00, NABU-Informationszentrum mit Moorausstellung sowie Gastwirtschaft in einem. Hier wird Ihnen die reichhaltige Welt rund um das angrenzende Moor nähergebracht und ein paar lokale Speisen angeboten. Bestellenswert sind Rhöner Lammbratwurst, Spinat-Spatzenklöße mit Käsesoße und eine Auswahl an Rhöner Ploatz.

Mit der Extratour „Rotes Moor" schließt sich an dieser Stelle der 18,1 km lange Premiumweg an. Darauf hingewiesen werden muss, dass die Übernachtungssituation für diesen Weg etwas schwieriger ist. Möglichkeiten bestehen unterhalb des Heidelsteins am Jagdschloss Holzberghof oder vom Fuchsstein aus an der Wasserkuppe.

Gehen Sie über den Wanderparkplatz und über die angrenzende Straße den Forstweg herab. Nach 400 m können Sie rechts eine kleine Anhöhe hinaufsteigen, um den **Moorsee** zu betrachten. Am darauffolgenden Abzweig biegen Sie rechts zum Roten Moor ab.

↳ Wenn Sie nach Gersfeld absteigen möchten, können Sie kurz vor dem Einstieg in das Rote Moor geradeaus, dann an einem großen Picknickplatz rechts und schließlich links weitergehen. Sicher ist es kein kurzer Abstecher, aber über die Kaskadenschlucht haben Sie mit 5,9 km den angenehmsten Abstieg in das Bergstädtchen. In Gersfeld haben Sie Anschluss an die Rhönbahn, die Sie im Stundentakt nach **Fulda** bringt.

In der Wetterschutzhütte finden Sie weitere Informationen zur Fauna und Flora des zweitgrößten Hochmoores der Rhön. Das Moor bietet Lebensraum für zahlreiche charakteristische Pflanzen, wie die Rauschbeere, das Wollgras oder das Sumpf-Blutauge, aber auch faunistische Besonderheiten, wie die Bekassine, Waldschnepfen oder gar das vom Aussterben bedrohte Birkhuhn.

Moorsee am Roten Moor

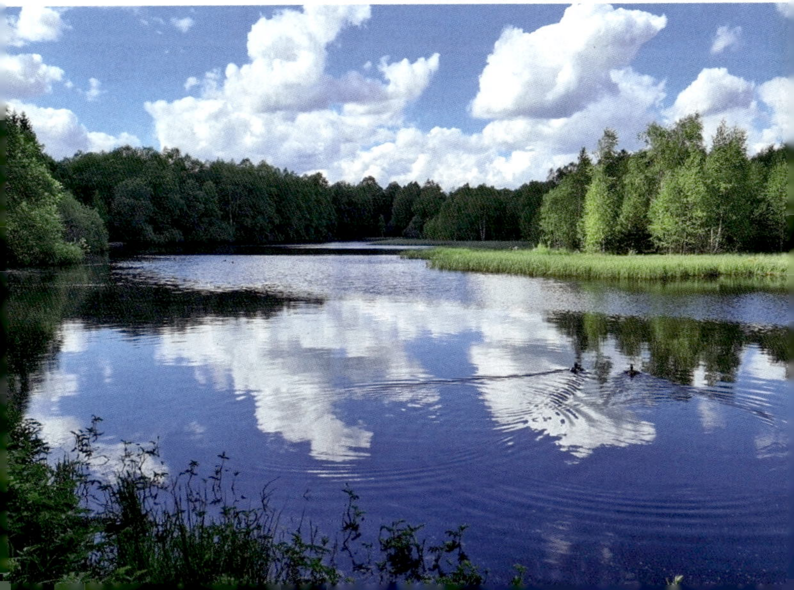

Der hölzerne Bohlenpfad des **Roten Moores ❺** ist gleichzeitig Moorlehrpfad und zeigt Ihnen einige Informationen über die Geschichte des Moores auf. Die Vegetation ist etwas Besonderes: Die eng stehenden Stämme des Karpatenbirkenwaldes lassen auch im Sommer kaum Licht auf den Boden fallen und sorgen für ein tolles Licht- und Schattenspiel.

Gerade wegen der widrigen Wetterbedingungen und der Lichtverhältnisse ranken sich eine Vielzahl an Sagen um diesen Ort. So hat wohl der Teufel dazu beigetragen, dass der Ort Poppenrode im Wasser des Moorsees ertränkt liegt. Ob Sie bis zu Dämmerung warten und auf eine Moorjungfrau hoffen, die über das Wasser schwebt, oder um die blubbernden Schreie aus dem sumpfigen Mooraugen zu hören?

Am Ende des Moores haben Sie die Möglichkeit, sich auf dem Holzturm etwas Aussicht und Überblick zu verschaffen. Ihnen gegenüber erstreckt sich der vierthöchste, aber etwas unscheinbare Berg **Heidelstein** (925 m). Anschließend verlassen Sie den Bohlenpfad und biegen rechts auf einen Forstweg ab. Der geschotterte und breite Weg, der im Winter als Loipe Verwendung findet, führt Sie 1,8 km lang bis an die Straße, die hoch zur Wasserkuppe verläuft.

Die Straße sollten Sie mit Vorsicht überqueren, da Sie sich in einer uneinsichtigen Kurve befinden.

Sicheren Fußes rübergekommen durchlaufen Sie das Naturschutzgebiet **Fuchsstein ❻**. In dem Buchenwald müssen Sie sich den Weg etwas zwischen den Baumstämmen und den vielen Felsbrocken suchen. Verlaufen können Sie sich aber nicht.

Dem Weg folgend hören Sie bald das Geplätscher von Wasser. An der T-Kreuzung folgen Sie dem schmalen Bach rauf zur Quelle. Sie befinden sich nur noch 300 m von dem Punkt entfernt, wo die Fulda ihren 220 km langen Lauf nimmt. An der **Fuldaquelle ❼** können Sie sich an dem frischen Bergwasser laben. Viele aus der Umgebung reisen extra hier hinauf, um ihre Flaschen mit dem mineralhaltigen Bergquellwasser aufzufüllen.

Nun gehen Sie nur noch den Weg unterhalb der langen Parkreihe entlang, nehmen den Holzsteg über den Morast und befinden sich wenig später auf dem höchsten Berg der Rhön und dem höchsten Hessens, der **Wasserkuppe**.

Wasserkuppe

Tourist-Information, Wasserkuppe 1, 36129 Gersfeld, ☏ 066 54/91 71 20, www.rhoen.info, täglich 10:00-16:00

Hotel Restaurant Peterchens Mondfahrt, Wasserkuppe 46, 36129 Gersfeld, ☏ 066 54/381, service@peterchens-mondfahrt.de, www.peterchens-mondfahrt.de, ÜF EZ ab € 92, DZ ab € 125, Mo-Fr 17:00-21:00, Sa, So 12:00-21:00, ausgezeichnet mit 3 Silberdisteln

Berghotel Deutscher Flieger Wasserkuppe, Wasserkuppe 48, 36129 Gersfeld, ☏ 066 54/381, hotel@deutscher-flieger.de, www.deutscher-flieger.de, ÜF EZ ab € 55, DZ ab € 73, € 15

Märchenwiesenhütte, Wasserkuppe 60, 36129 Gersfeld, ☏ 066 54/86 40, post@wiegand-erlebnisberge.de, www.ski-und-rodelarena-wasserkuppe.de, täglich 10:00-17:00

Imbiss Walter, Wasserkuppe 3, 36129 Gersfeld, ☏ 066 54/14 09, täglich 9:30-21:00

♦ **Lottis Futterkiste**, Wasserkuppe 3, 361229 Gersfeld, ☏ 066 54/73 40, kontakt@lottis-futterkiste.de, www.lottis-futterkiste.de, täglich 10:00-18:00

Unser kleines Waffelhaus, Wasserkuppe 52, 36129 Gersfeld, im Sommer bei guter Witterung

Rhöner Bauernladen, Wasserkuppe 52, 36129 Gersfeld, ☏ 066 54/91 83 50, claudia@rhoener-bauernladen.de, www.rhoener-bauernladen.de, täglich 10:00-18:00

Regionalladen Wasserkuppe, Wasserkuppe 48, 36129 Gersfeld, ☏ 066 54/91 95 31, täglich 11:00-16:00

⌘ **Deutsches Segelflugmuseum**, Wasserkuppe 2, 36129 Gersfeld, ☏ 066 54/77 37, kontakt@segelflugmuseum.de, www.segelflugmuseum.de, April-Okt täglich 10:00-17:00, Nov-März Sa, So 10:00-17:00

⌘ **Radom Wasserkuppe**, Wasserkuppe 950, 36129 Gersfeld, ☏ 06 61/49 98 89 96, info@radom-wasserkuppe.de, www.radom-wasserkuppe.de, Sommersaison täglich 11:00-16:00, Wintersaison Sa, So 11:00-16:00

Busverbindung nach Fulda, Wüstensachsen und Gersfeld, Abkürzung nach Abtsroda

Die Wasserkuppe ist ein geschichtsträchtiger Ort, bekannt als „Berg der Flieger“ aufgrund der ersten zahlreichen Rekorde mit dem Segelflugzeug und als militärisch wichtiger Strategiepunkt zu Zeiten des Kalten Krieges.

Von Letzterem zeugt heute noch das einzige der einst fünf Radoms – eine weiße Landmarke, die für die Wasserkuppe zum Erkennungs- und Identifikationssymbol geworden ist. Heute ist die Wasserkuppe Ausgangspunkt zahlloser Wanderungen, bietet genügend Freizeitbeschäftigungen und wird an den verschneiten Tagen zum Zentrum für Wintersport in der Rhön – ein echter Tourismus-Hotspot also.

Wer auf der Wasserkuppe übernachten möchte, sollte sicherheitshalber reservieren. An schönen Tagen ist der höchste Berg der Rhön stets gut besucht, an Wochenenden und Feiertagen sowie in der Skisaison sogar überlaufen.

Extratour rund um die Wasserkuppe

Um die Wasserkuppe herum gibt es zahlreiche Natur-Highlights, wer möchte kann eine Nacht länger verweilen und bei einer Rundtour alles erkunden. Vom Gipfel aus haben Sie bei klarem Wetter einen Blick in die benachbarten Mittelgebirge, so sehen Sie Fichtelgebirge, Thüringer Wald und selbst den Harz. Dem Massiv vorgelagert befindet sich der **Pferdskopf** (875 m) mit einer weiteren tollen Aussicht.

Von dort aus erreichen Sie auf einem steilen Abstieg den 1,1 km entfernten, 300 Höhenmeter tiefer liegenden **Guckaisee**, in dem Sie im erfrischenden Bergwasser schwimmen gehen können. Am Osthang der Wasserkuppe befindet sich das **Felsenmeer Schafstein**, eine basaltene Blocksteinhalde, die die kühle Luft des Winters noch in den Sommermonaten gespeichert hat. Alle Highlights rund um den Berg werden mit der 20,2 km langen Extratour „Guckaisee“ verbunden.

www.wanderinstitut.de

Wenn Sie die Nacht auf der Wasserkuppe verbringen und einen klaren Himmel haben, müssen Sie unbedingt nach Sonnenuntergang zum Radom aufsteigen. Der Weg bis dahin ist asphaltiert, aber gänzlich unbeleuchtet, daher unbedingt eine Taschenlampe mitbringen. Vor dem Radom befinden sich einige Sitzgelegenheiten.

Dieser Ort eignet sich hervorragend für Sternenbeobachtungen. Obwohl Sie einen weiten Blick ins Land haben, sind bei Nacht kaum Dörfer auszumachen. Der Sternenpark Rhön engagiert sich seit dem Jahr 2014 für die Vermeidung von Lichtverschmutzung. Mit Erfolg, die vielen kleinen Ortschaften verschwinden vor Ihnen im Dunkel der Nacht.

Etappe 4: Von der Wasserkuppe nach Gotthards

23 km, 7 Std., ↑ 585 m, ↓ 1.055 m, ⇧ 375-945 m

0,0 km	⇧ 908 m	Wasserkuppe
2,9 km	⇧ 695 m	Abtsroda
5,0 km	⇧ 744 m	Enzianhütte
5,7 km	⇧ 692 m	Grabenhöfchen
7,7 km	⇧ 717 m	Bubenbader Stein
9,3 km	⇧ 805 m	Milseburg (X) ⌘
12,6 km	⇧ 638 m	Lothar-Mai-Haus
20,7 km	⇧ 461 m	Schwarzbach BANK
23,0 km	⇧ 375 m	Gotthards

Der Abstieg steht an. Mit der anspruchsvollsten Etappe der gesamten Wanderung geht es gut erholt über die Abtsrodaer Kuppe hinunter nach Abstroda und wieder hoch zum Weiherberg. Vor Ihnen liegt ein schöner landschaftlicher Wechsel aus Offenlandschaften und bewaldeten Wegstrecken. Ihren Höhepunkt findet die heutige Wanderetappe mit der Besteigung der 835 m hohen Milseburg. Liebevoll als Perle der Rhön bezeichnet ist er wohl einer der schönsten Berge des Mittelgebirges. Mit den anschließenden Oberbernhardser Höhen haben Sie eine Offenlandschaft mit Kalkmagerrasen, wie sie für die Gegend typisch ist. Hier finden Sie zu fast jeder Jahreszeit florale Raritäten. Der letzte Abschnitt verläuft überwiegend durch einen Forst, ehe Sie über das Örtchen Schwarzbach nach Gotthards gelangen.

☺ Wer die 23 km der Tagesetappe scheut, findet unterwegs immer wieder Übernachtungsmöglichkeiten und auch die ein oder andere Abkürzung.

Zu Beginn der Etappe gehen Sie den südlichen Weg am ⌘ **Radom** vorbei. Am steilen Hang finden sich einige tolle Sitzgelegenheit mit Blick ins Fuldaer Land. Vor den Bänken führt ein geschotterter Weg auf den Bergsattel mit dem **Fliegerdenkmal**. Vor diesem halten Sie sich rechts in Richtung des Waldeingangs.

Borstgraswiesen, so weit das Auge schauen kann

Hier auf knapp 1.000 Höhenmetern lassen sich nur wenige, windverkrümmte Bäume finden. Das Areal um den höchsten Berg der Rhön ist überzogen mit Borstgraswiesen, auf denen ein reiches Vorkommen an geschützten Arten zu finden ist. Arnika, Seidelbast, aber auch Bodenbrüter wie das Birkhuhn sind hier oben vorzufinden. Aus diesem Grund dürfen die gekennzeichneten Flächen auch nicht verlassen werden. Einige Hinweisschilder bemühen sich um die Lenkung der über eine Millionen Besucherinnen und Besucher jährlich.

☺ Wer im Spätherbst früh genug aufbricht und etwas Glück hat, bekommt hier mit der Inversionswetterlage ein grandioses Naturschauspiel zu sehen, bei dem Sie über ein weites Wolkenmeer unter sich blicken können.

Der HOCHRHÖNER® biegt an der schön gestalteten Bank nach links in den niedrigen Wald ein.

Wenn Sie sich vor dem Wald stattdessen rechts halten, finden Sie nur 600 m vor Ihnen sehr exponiert die **Abtsrodaer Kuppe** (905 m) mit einer großartigen Aussicht in den Westen, Norden und Osten. Gerade an Wochenendtagen ist die Abtsrodaer Kuppe für Wanderinnen und Wanderer gesperrt, da dieses Gelände ein beliebter Startplatz der Gleitschirmflüge ist. Im Zweifel einfach vorsichtig nach vorne tasten – ist die Kuppe unzugänglich, werden Sie rechtzeitig von Aufpasserinnen und Aufpassern abgefangen, denn diese wissen auch um die Beliebtheit der Kuppe als Aussichtspunkt. Gehen Sie anschließend zur hölzernen Sitzgruppe zurück.

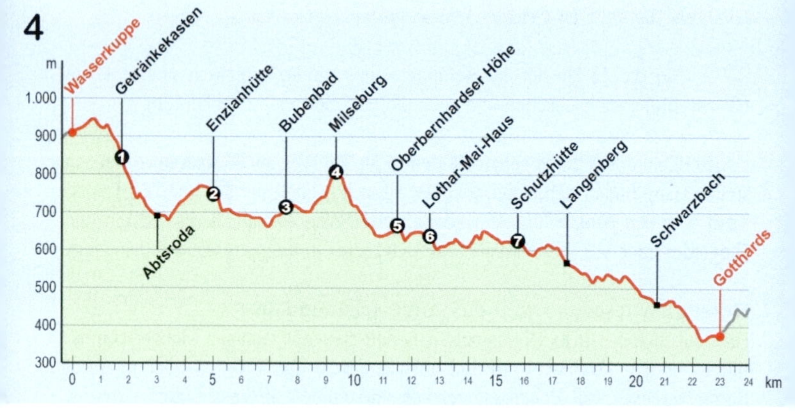

Der Weg wird steil. Auf teils grasigem, teils erdigem Untergrund steigen Sie auf dem nächsten Kilometer rund 200 Höhenmeter herab ins Abtsrodaer Tal. Der Wald hat niedrige und von Wind und Wetter knorrig geformte Bäume. Sie gelangen nach 420 m auf ein Zwischenpodest. Eine Quelle plätschert in einen Trog und kühlt vier **Getränkekästen ❶**. Eine schöne Geste: Ein engagierter Abtsrodaer füllt den Brunnentrog regelmäßig mit Bier und alkoholfreien Getränken auf. Jeder kann sich gegen ein schmales Entgelt bedienen – alles auf Vertrauensbasis. Rund 20 m hinter der Quelle befindet sich eine Wetterschutzhütte. Ein viel schönerer Platz, um das kühle Getränk zu genießen, befindet sich auf der grasigen Aussichtsplattform gegenüber der Quelle, dort stehen auch einige Klappliegen zur Verfügung. Diese sollten nach Benutzung aber wieder zurückgeräumt werden.

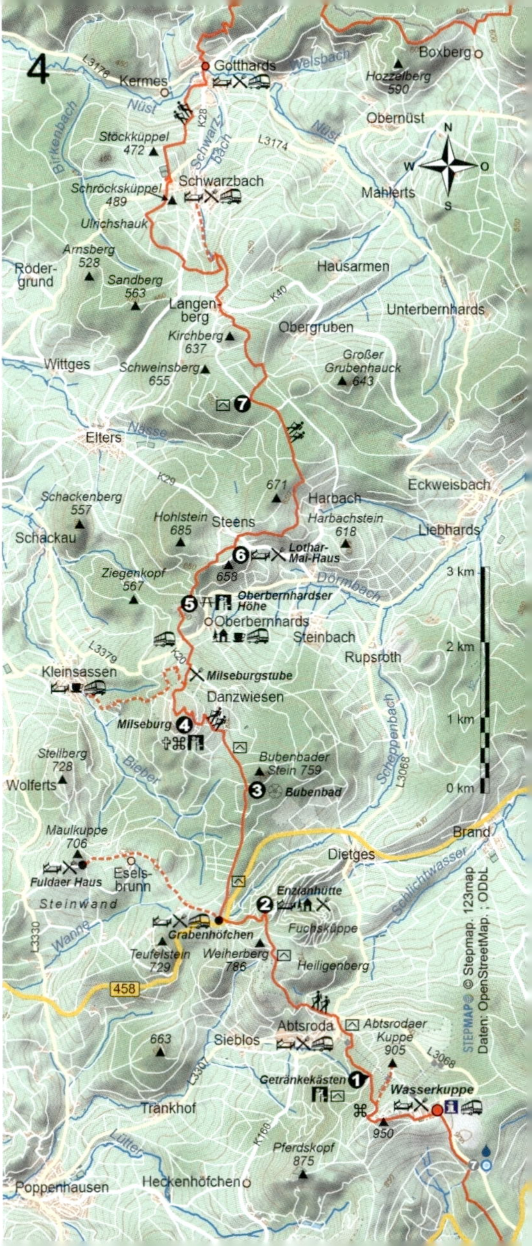

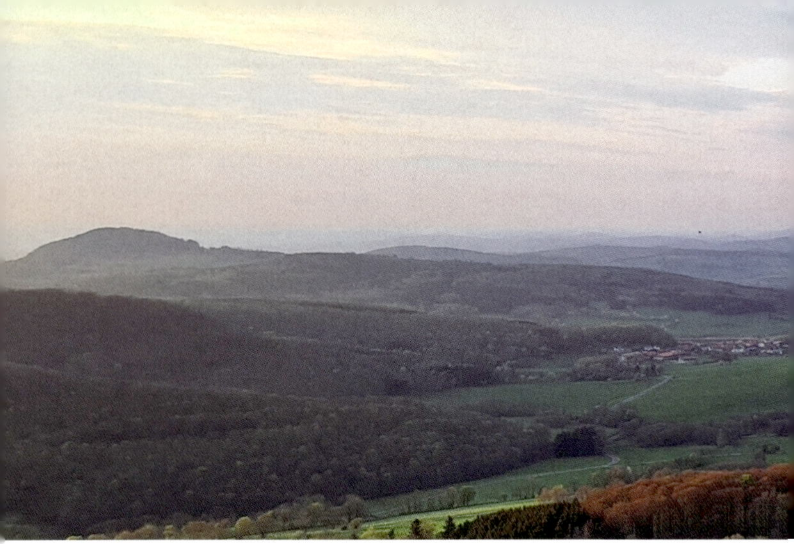

Steigen Sie die erdigen Serpentinen weiter hinunter. Der Pfad mündet bald in einem breiteren, geschotterten Weg. Kurz darauf biegen Sie an einer Bank auf einen grasigen Weg links hinunter ab. Kurz vor dem Wanderparkplatz Abtsroda passieren Sie weitere Bänke und eine Schutzhütte.

Nach dem Wanderparkplatz queren Sie die Straßenkreuzung am besten über die beiden grünen Inseln. Laufen Sie dann zur Haltebucht. Hier touchieren Sie das Bergörtchen **Abtsroda**.

Abtsroda

Landhaus Zur Schmiede, Brunngrabenstraße 2, 36163 Abtsroda, 066 58/202, info@landhaus-zur-schmiede.de, www.landhaus-zur-schmiede.de, Ü EZ ab € 55, DZ ab € 85, Übernachtungen unter zwei Nächten nur auf Anfrage, F € 10,50, weitere Verpflegung auf Anfrage möglich, € 7

♦ **Ferienhaus Abtsroda,** Enzianstraße 9, 36163 Abtsroda, 066 58/214 03 09, 01 51/24 07 33 73, www.ferienhaus-abtsroda.de, Ü EZ/DZ € 120, MBZ ab € 50 pro Person, auf Anfrage

Restaurant Hessisch-Canada, Wasserkuppenstraße 18, 36163 Abtsroda, 066 58/918 84 17, bookingszumhirsch@gmail.com, www.hessischcanada.de, Mo-Mi, Fr 14:00-22:00, Sa, So 12:00-22:00

Busverbindung zur Wasserkuppe, nach Fulda und Poppenhausen

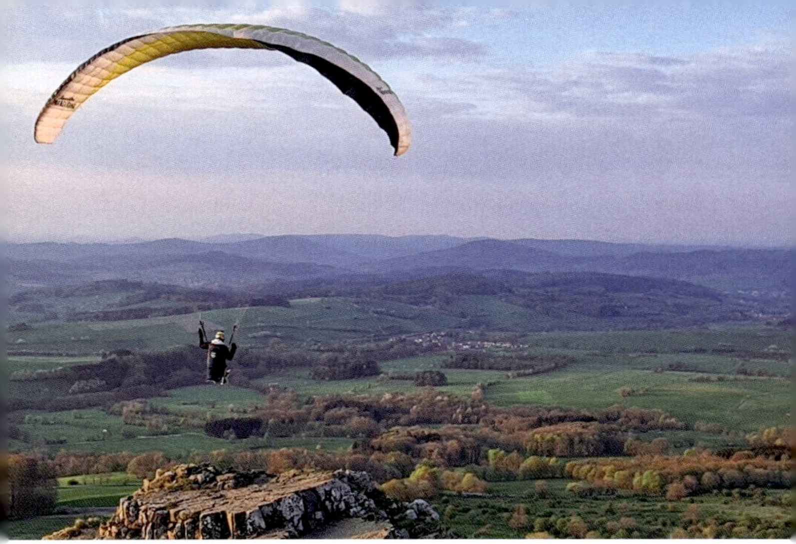

Gleitschirmflieger an der Abtsrodaer Kuppe

An der Haltebucht laufen Sie links den landwirtschaftlichen Weg hinauf. Der HOCHRHÖNER® verläuft für eine kurze Passage durch einen Buchenmischwald. Hier passieren Sie einen kreisrunden Rastplatz und wandern über den nadelbedeckten Weg am Nordende weiter. Nach dem Wald nehmen Sie an der Kreuzung den asphaltierten Weg geradeaus nach oben und folgen der Beschilderung Richtung **Enzianhütte**. Kurz darauf halten Sie sich rechts auf den steinigen Weg und wandern durch einen Spalt in der Hecke. Nach 160 m kommen Sie erneut auf den asphaltierten Weg. Sie folgen diesem und biegen an dem Bildstock weiter oben nach links auf den geschotterten Weg ab. Sie passieren eine Schutzhütte und eine Bank mit einem wunderbaren Ausblick. Dahinter gehen Sie weiter über die Wiesen.

Wenn Sie aber einen kurzen Abstecher hoch zum Weiherberg (786 m) in 260 m Entfernung machen möchten, bietet es sich an, dem Weg Richtung Gipfelkreuz zu folgen. Sie werden sicher überrascht sein, wenn Sie oben am Kreuz plötzlich Heidevegetation erkennen. In der Ferne erkennen Sie die Burgruine Ebersburg auf dem Ebersberg (689 m) an den gebrochenen Doppeltürmen. Aufgrund der guten thermischen Bedingungen sind Sie hier an Wochenendtagen selten allein. Bei Weiherberg handelt es sich um den Hausberg des lokalen Modellfliegervereins, dessen Hütte unweit vor Ihnen liegt.

Wandern Sie den Norbert-Weber-Weg in entgegengesetzte Richtung und biegen nach links in den Waldweg ein. Sie erreichen die **Enzianhütte** ❷ des Deutschen Alpenvereins, von deren balkonartigem Biergarten Sie einen fantastischen Blick ins Land bekommen. Gerade zur Abendzeit bieten sich hier schöne Rhönimpressionen.

Enzianhütte, Bornbergstraße/Am Weiherberg, 36115 Dietges, ☏ 066 58/319, koch@enzianhuette-rhoen.de, www.enzianhuette-rhoen.de, ÜF DZ ab € 68, Bettenlager/Biwak pro Bett ab € 26, während die Standardzimmer gut ausgestattet sind, benötigen Sie für Biwak und Bettenlager eigene Handtücher und einen Schlafsack, keine 🐕, Mi-So 12:00-19:30. Es wird empfohlen, hier rechtzeitig zu reservieren, da die Enzianhütte ganzjährig gut ausgelastet ist. Zur Zeit der Recherche im Jahr 2022 wurden gerade neue Pächter gesucht. Ebenfalls war angedacht, Teile der historischen Hütte zu renovieren. So sollten Sie sich im Vorfeld noch einmal nach möglichen Veränderungen erkundigen.

Der Wanderweg knickt an der Enzianhütte in einem scharfen Winkel ab und verläuft steil über Stufen, dann über verwurzelte Serpentinen 800 m nach unten zum Wanderparkplatz **Grabenhöfchen** mit dem gleichnamigen Hotel auf der gegenüberliegenden Straßenseite.

Rhön-Hotel Grabenhöfchen, An der B458, 36163 Poppenhausen, ☏ 066 58/316, kontakt@grabenhoefchen.de, www.grabenhoefchen.de, ÜF EZ ab € 60, DZ ab € 96, MBZ ab € 130, 🐕 € 10, täglich ab 11:00

Busverbindung nach Fulda, Tann und Poppenhausen mit der Buslinie 32, www.lng-fulda.de

Wenn Sie zwischen Hotel Grabenhöfchen und Informationstafel den breiten Forstweg nehmen, erreichen Sie nach 2,3 km die **Maulkuppe** mit Übernachtungsmöglichkeiten im **Fuldaer Haus**. Der Weg dahin ist von ⌘ Kunstobjekten regionaler Kunstschaffender gesäumt und bietet stetig eine attraktive Aussicht.

Die Unterkunft bietet sich insbesondere an, wenn Sie sich dafür entscheiden, die Extratour „Milseburg" zu wandern.

Fuldaer Haus, Maulkuppe 1, 36163 Poppenhausen, ☏ 066 58/242, info@fuldaer-haus.de, www.fuldaer-haus.de, ÜF EZ ab € 48, DZ ab € 75, 🐕 € 15, Di-Sa 11:00-23:00, So 10:00-17:00, Anreise montags bis 13:00 möglich

Seitlich vom Hotel Grabenhöfchen halten Sie sich an der Informationstafel rechts und folgen einem relativ geraden Forstweg durch einen dunkleren Fichtenwald. Sie kommen an einem Platz unter Bäumen vorbei, an dem es viele Bänke wie auch eine Schutzhütte gibt. Nach 1,9 km sehen Sie auf der rechten Seite einen kleinen Teich – das **Bubenbad ❸** – und wenig später auf der rechten Seite eine Geröllhalde – die **Bubenbader Steine** (758 m).

Der Sage nach hat eine werdende Mutter nach sechs Töchtern Drohungen von ihrem Mann bekommen. Dieser wollte das siebte Kind, würde es ebenso ein Mädchen werden, totschlagen. In der Verzweiflung ging die Mutter mit dem neugeborenen Mädchen zu diesem Teich, dem heutigen Bubenbad, um es darin heimlich zu taufen. Als sie das Kind wieder aus dem Wasser hob, war es ein Knabe. Somit konnte die Mutter den gewalttätigen Androhungen des Vaters entgehen.

Nach den Bubenbader Steinen zweigt ein Weg nach rechts oben zur Ruine Eberstein ab. Da zur Besichtigung der Ruine 5,7 km Hinweg aufgebracht werden muss, steht diese Versuchung in keinem Verhältnis. Insbesondere auch, da von der Ruine nur sehr wenig zu sehen ist. Bleiben Sie daher weiter auf dem Weg, passieren Sie eine weitere Schutzhütte und verlassen Sie den Wald an einem Picknickplatz. Von hier aus haben Sie einen tollen Blick auf die exponiert liegende **Milseburg** (835 m).

Von dem Picknickplatz aus, laufen Sie 300 m über die Freifläche den Weg weiter und halten sich dann links. Vor Ihnen ist eine drehbare und wippende Holzliege mit allerlei Instrumenten. Sie befinden sich an einem ausgewiesenen Himmelsschauplatz für Sternenbeobachtungen.

Der Weg verläuft in einer Haarnadelkurve weiter und führt zwischen zwei Steinwällen hindurch. Den Berg hoch führt nur ein unwegsamer mit Steinen durchsetzter, aber lohnenswert schöner Fußweg. Auf halber Höhe nach ca. 150 m befindet sich links eine kleine in den Berg gelassene Grotte. In der engen und steilen Kurve können Sie kurz zu der massiven Felsformation austreten. Mit ein wenig Klettergeschick und Trittsicherheit bekommen Sie einen wunderbaren Blick über die Bauwipfel auf die **Oberbernhardser Höhe** (661 m). Das restliche Stück verläuft über steinerne Treppenstufen nach oben. Kulturhistorisch gibt es hier an der **Milseburg ❹** einiges zu entdecken: die intakte ✞ **Gangolfskapelle**, eine ⌘ **keltische Ringwallanlage**, **Überreste einer Höhenburg** und die gerade im Umbau befindliche (✕) **Milseburghütte**.

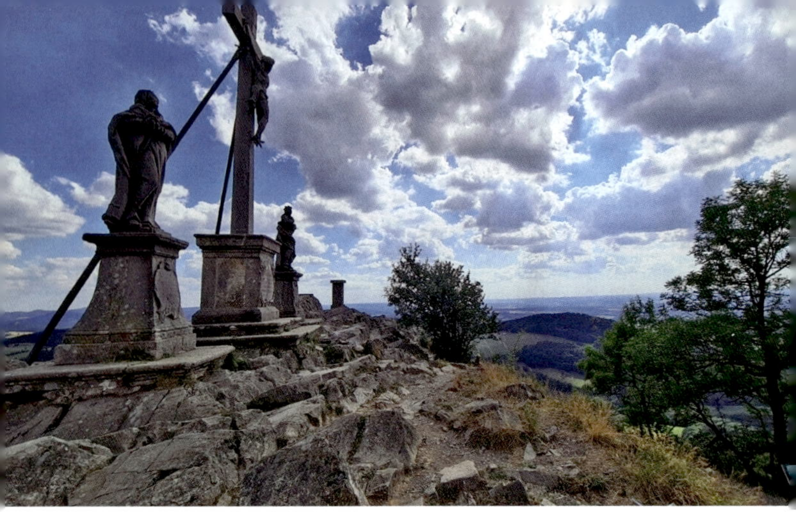

Gipfelkreuz auf der Milseburg

Lassen Sie sich bei km 9,3 nicht in die Irre führen. Der HOCHRHÖNER® touchiert das Gipfelmassiv lediglich und neigt sich direkt wieder von der Milseburg ab ins Tal. Sie sollten es sich aber keinesfalls entgehen lassen, hier kurz abzuzweigen und die 120 m entfernte Kuppe zu erkunden.

☹ Auf der unteren Ebene vor dem Gipfel befindet sich derzeit eine Baustelle. Die inzwischen abgerissene Berghütte der **Milseburg** blickte auf eine über 125-jährige Tradition zurück. Zur Zeit der Recherche im Jahr 2022 befand sie sich nach langen Streitigkeiten zwischen den ehemaligen Besitzern, dem Rhönklub, und dem neuen Besitzer, der Gemeinde Hofbieber, im Neubau. Viele Wanderbegeisterte stemmten sich vehement gegen den Abriss der sanierungsbedürftigen Berghütte, doch die hohen Kosten stellten den Rhönklub vor zu große Herausforderungen. Bis zum Abriss war die Hütte weder an Strom noch an Wasser angeschlossen und wurde im Winter nur mit einem kleinen Ofen geheizt, auf dem ebenso gekocht wurde. Ein beliebter Ort der Zusammenkunft, der nun wehmütig vermisst wird.

Auf der mittleren Ebene des Gipfels befindet sich eine kleine ✝ Wallfahrtskapelle, die dem heiligen Gangolf geweiht ist. Mitte der 1930er-Jahren musste sie nach einem Blitzeinschlag neu aufgebaut werden. Noch heute werden über die steinerne Kanzel Gottesdienste auf dem Berg abgehalten.

Mit ein wenig Kletterei erreichen Sie die oberste Ebene des Bergmassives. Von der Kreuzigungsgruppe aus haben Sie einen phänomenalen 360-Grad-Blick ins Land. Sie können von der Wasserkuppe mit dem Radom bis nach Fulda schauen. Unter Ihnen glänzt der Kirchturm des Bergörtchens Kleinsassen. In den glatten Steinen des Gipfels lässt es sich auch gut verweilen und gemütlich die Mittagssonne genießen – ein optimaler Ort für eine Mittagsvesper.

Der heilige Gangolf im Kampf mit dem Riesen Mils

Der Sage nach wütete im Land ein Riese namens Mils. Der heilige Gangolf schaffte es jedoch, nachdem er aus der nahe gelegenen Gangolfsquelle trank, den Riesen zu bezwingen. Dieser fiel an dem Ort nieder, wo heute die Milseburg ist. Der Teufel bedeckte frustriert den Riesen unter zahlreichen schweren Steinen. Der Sage nach erwandern Sie also gerade den Bauch des Riesen oder, etwas unromantischer betrachtet, einen ehemaligen Vulkan.

Der Abstieg erfolgt über einen 600 m langen Weg am Westhang der Milseburg.

Dieser geht 100 m steil in die Tiefe und ist nach Regen oder im Winter sehr rutschig.

Sie haben hier und da die Möglichkeit, vom Weg auszutreten und zwischen den Felsformationen die Aussicht zu genießen. Achten Sie auch auf die Ruinenreste oder die keltischen Spuren. Informationstafeln werden Sie rechtzeitig darauf hinweisen.

Die **Extratour „Milseburg"** zählt zu einer der schönsten Wanderwege Hessens. Wer auf den 11 km die Milseburg und das Felsenmeer am gegenüberliegenden Stellberg mitnehmen möchte, verbringt am besten eine Nacht im **Fuldaer Haus** oder in Kleinsassen ⌘.

Falls Sie Interesse an den keltischen Ringwällen haben, können Sie die Chance nutzen, noch einmal die Nordostflanke der Milseburg zu besichtigen. Dafür nehmen Sie den kleinen Pfad rechts vor der Bank, die Sie sehen, nachdem Sie von der Milseburg abgestiegen sind und kurz bevor Sie den Wald verlassen. Für eine komplette Runde um den schönen Berg benötigen Sie rund 45 Minuten für etwa 2,5 km.

Sobald Sie den Wald der Milseburg verlassen haben, verläuft der Wanderweg runter zur Kreisstraße 20.

↳ Bei km 10,1 der heutigen Etappe haben Sie die Möglichkeit, über einen schmalen Weg in das 2,1 km entfernte Bergörtchen abzusteigen. Ein entsprechender Zubringer ist ausgeschildert und führt zunächst links runter zum Wanderparkplatz.

Kleinsassen

Ludwig-Wolker-Haus, Am Medenstein 7, 36145 Kleinsassen, ☎ 066 57/66 80, jw@bistum-fulda.de, www.ludwig-wolker-haus.de, Ü ab € 19,50, Verpflegung möglich

⌘ **Kunststation Kleinsassen**, An der Milseburg 2, 36145 Kleinsassen, ☎ 066 57/80 02, kk@kleinsassen.de, www.kunststation-kleinsassen.de, Sommerzeit Di-Sa 13:00-18:00, So 11:00-18:00, Winterzeit Do-So 13:00-17:00

⌘ **Pfundsmuseum Kleinsassen**, Julius-von-Kreyfelt-Straße 1, 36145 Kleinsassen, ☎ 066 57/16 07, sekretariat@pfunds-museum.de, www.pfunds-museum.de, ☺ Eintritt wird nach Gewicht berechnet

Busanbindung nach Fulda mit Umstieg in Dipperz

Kleinsassen (knapp 500 Einwohnerinnen und Einwohner) ist vor allem für eines bekannt: bedeutsame Kunstausstellungen. Ein Abstecher in das Örtchen lohnt sich daher. Gastronomische Anbindung besteht jedoch nur in dem Café der Kunststation. Wer zu Abend essen möchte, sollte daher vor dem Abstieg in die Milseburgstube unterhalb der Milseburg einkehren.

Einflussreiche Kunstszene mitten in der Rhön?

Das Bergörtchen Kleinsassen hat sich in der nationalen Kunstszene einen Namen gemacht. Bereits Mitte des 19. Jahrhunderts entdeckten Kunstschaffende von etablierten Kunstuniversitäten das Idyll des Ortes an der Milseburg. Heute übt vor allem die Kunststation Kleinsassen mit ihren avantgardistischen Ausstellungen Anziehung aus, sogar auf internationale Kunstschaffende. Der Besuch lohnt sich daher ganzjährig.

Kurz vor der Kreisstraße haben Sie rechts die Möglichkeit, in die ✕ Milseburgstube einzukehren.

✕ **Milseburgstube**, Gangolfweg 1, 36145 Hofbieber, ☏ 066 57/60 85 65, info@milseburgstube.de, www.milseburgstube.de, Mai-Okt Mi-So 11:00-19:00, Nov-April Mi-So 11:00-18:00

Sie überqueren die schmale Kreisstraße 20 und biegen danach durch ein enges Gatter auf die Weide ab.

Der Markierung folgend gehen Sie über den Wiesenpfad im Grünland und überqueren noch einmal den Hochrhönring.

Laufen Sie den Hochrhönring rund 120 m nach links, gelangen Sie an eine Bushaltestelle, die wochenends Fulda mit der Wasserkuppe verbindet.

Entlang dieser Straße kommen Sie rechts nach 400 m nach **Oberbernhards** ⌘.

Oberbernhards

Jugendherberge Oberbernhards, Oberbernhards 5, 36115 Oberbernhards, ☏ 066 57/240, info@jugendherberge-oberbernhards.de, www.jugendherberge-oberbernhards.de, ÜF EZ ab € 58, DZ ab € 58, Bett im Schlafsaal € 38, Verpflegung möglich

⌘ **Honigkuchen- und Wachsmuseum und Café**, Milseburg 8, 36115 Oberbernhards, ☏ 066 57/489, Mi-So 13:00-16:00

Am Wochenende besteht Anschluss an die Linie 90, die die Wasserkuppe mit Fulda verbindet und an diesen Tagen auch über die Milseburg fährt.

Oberbernhards ist eine kleine Streusiedlung mit nur wenigen Häusern. Im Norden war sie an die ehemalige Bahntrasse Fulda – Hilders angebunden. Heute verläuft an dieser Stelle der Milseburgradweg mit einem 1,1 km langen Fahrradtunnel, der unter den Oberbernhardser Höhen durchführt.

Laufen Sie nun über die vorgetrampelten Pfade den Rasen hoch. Es ist deutlich zu erkennen, bis wohin die landwirtschaftliche Düngung ausgetragen wird. Abrupt nimmt das saftige Grün ab und wandelt sich zu kargem, trockenem Gras. Vereinzelt säumen Wacholderbüsche und Kiefern den Weg. Hier auf den **Oberbernhardser Höhen** ❺ laufen Sie über den für die Rhön so typischen Kalkmagerrasen.

Verarmung des Bodens als florales Kleinod

Die in der Rhön so zahlreich vorkommenden Kalkmagerrasen sind das Ergebnis menschlicher Rodungsprozesse, die dazu beigetragen haben, dass der Boden nährstofflich verarmte. Was zunächst nach einem Dilemma klingt, hatte für die Biodiversität eine große Wirkung. Ein Spektrum an Artenreichtum, das allen voran die trockenen und mageren Bedingungen der sonnenexponierten Lage bevorzugt. ☺ Halten Sie also die Augen offen, florale Raritäten sind hier keine Seltenheit: Wilder Thymian, Küchenschellen, die beliebte Silberdistel, Golddisteln, aber auch Enziane und Orchideen wachsen auf den Oberbernhardser Höhen.

Oben an der Bank vorbei führt der Weg um eine Kurve. Hier unter Ihnen befindet sich der Milseburgtunnel der ehemaligen Bahnverbindung Fulda – Hilders. Heute wird er als Fahrradtunnel auf dem beliebten, 27 km langen Radweg genutzt. Durch das angrenzende Waldstück gelangen Sie an die Oberbernhardser Köpfe (658 m), auf deren lichter Rückseite das **Berghotel Lothar-Mai-Haus ❻** liegt.

Berghotel Lothar-Mai-Haus, Lothar-Mai-Straße 1, 36145 Hofbieber-Steens, 066 57/230 97-00, info@lothar-mai-haus.de, www.lothar-mai-haus.de, ÜF EZ ab € 79, DZ ab € 138, nach Absprache € 18,50, Mo-Do 18:00-21:00, Fr-So 12:00-21:00

Sie gehen durch den Garten des Hotels und steigen neben den drei Aussichtsplattformen einen schmalen, schnell zu übersehenden Weg ab. Dieser führt Sie hinunter zur 260 m entfernten Kreisstraße und gegenüber einen landwirtschaftlichen Weg hoch. An der Abzweigung halten Sie sich rechts. Der HOCHRHÖNER® verläuft hier an landwirtschaftlichem Grünland vorbei, bietet aber einen tollen Blick zurück auf die letzten Etappen. Auf dieser Anhöhe wandern Sie für 1,2 km weiter, bevor der Wiesenpfad am Ende dieser Passage in einem breiteren Forstweg endet. Dort biegen Sie nach links in den Nadelwald ein.

Sie brauchen nicht viel Aufmerksamkeit, um die beachtlichen Ameisenhügel zu erkennen, die überall an den Fichtenstämmen angehäuft sind. Teils menschhohe Bauten haben die roten Waldameisen hier aufgetürmt.

Dem Forstweg folgen Sie für 1,4 km durch einen eher durch Fichten geprägten Wald. Nach einer modernen **Schutzhütte ❼** erscheinen rechts Holzpfosten, die Sie passieren müssen. Biegen Sie dort hinunter ab und wandern Sie über den moosigen Waldweg. Früher lagen hier einige Holzbohlen, die bei Nässe sehr glatt wurden, aber vor dem feuchten Boden schützten. Diese lagen zur Zeit der Recherche nicht mehr aus. Im Anschluss geht es zweimal links, bevor ein Wegedreieck mit einer überdachten Bank den Weg um den Kirchberg (637 m) leitet.

Hinter dem Kirchberg liegt der Weiler **Langenberg** mit einer Bevölkerungszahl von gerade einmal 27 Einwohnerinnen und Einwohnern. Am Friedhof vorbei gehen Sie rechts hinunter zur Kreisstraße 40. An der T-Kreuzung halten Sie sich links und nach der Scheune direkt wieder rechts. Nach 230 m führt der HOCHRHÖNER® über einen Wiesenweg, auf dem Sie nach links auf ein Waldstück zugehen. Sie wandern durch den Mischwald in sonniger Hanglage herab.

Bei km 18,3 ist ein Abzweig oberhalb einer Marienstatue. An dieser Stelle gelangen Sie am schnellsten und schönsten nach **Schwarzbach** BANK. Die Ortschaft liegt nur 1 km entfernt.

Wandern Sie die steile Landkerbe hinunter. Die letzten Meter unten führt Sie eine Brücke über den Graben, in dem auch die Schwarzbachquelle unweit des Weges liegt und hinunter in den Ort plätschert. Passieren Sie die hölzerne Brücke und steigen Sie gegenüber aus dem bewaldeten Kessel wieder herauf.

Aus dem Waldstück heraus queren Sie die Kreisstraße 28 und laufen einige Meter an ihr herab, ehe Sie linker Hand in den Feldweg einbiegen. Diesem folgend umrunden Sie den Ulrichshauk (540 m). Die Markierung des HOCHRHÖNERS® geleitet Sie zu einer Bank mit Blick ins Fuldaer Land, an der Sie sich rechts runter zum markanten Schröcksküppel (489 m) halten.

Wenn Sie möchten, können Sie hier einen Abstecher auf die überwiegend bewaldete Kuppel des Schröcksküppels machen. Ein kleiner Kreuzweg führt Sie dort hinauf. Dafür sollten Sie gut 15 Minuten einplanen.

Nach dem Küppel befinden Sie sich auf der Straße An der Trift. Der HOCHRHÖNER® touchiert Schwarzbach lediglich an der Westseite, da der Ort aber im Tal liegt, ergibt sich ein schöner Blick zur Kirche.

Schwarzbach

BANK

Rhön Stern Hotel, Tanner Straße 27, 36145 Schwarzbach, 066 84/244, info@rhoen-stern-hotel.de, www.rhoen-stern-hotel.de, ÜF DZ ab € 98, € 15, Für Gäste auf Anfrage

Zum schwarzen Adler, Weinstraße 4, 36145 Schwarzbach, ☏ 066 84/243, schwarzer.adler.weber@web.de, www.schwarzer-adler-weber.de, Ü EZ ab € 42,90, DZ ab € 74,80, € 7, Di-So ab der Mittagszeit geöffnet

Antik-Café, Tanner Straße 29, 36145 Schwarzbach, ☏ 066 84/91 78 95, norgall.anne@gmx.de, Sa, So ab 14:00

Busverbindung nach Fulda und Tann sowie Gotthards

Die prachtvolle Kirche in **Schwarzbach** (knapp 500 Einwohnerinnen und Einwohner) wird aufgrund ihrer für den kleinen Ort ungewöhnlichen Größe auch als **Rhöndom** bezeichnet. Spannend ist auch die Tatsache, dass die Schwarzbacherinnen und Schwarzbacher die Kirche aus Kostengründen tatkräftig mitbauen mussten, da sich der kleine Ort eine so große Kirche sonst nicht hätte leisten können. Gelohnt hat es sich wohl: Heute gehört sie laut dem Hessischen Rundfunk zu den schönsten Kirchen Hessens.

Biegen Sie auf die Tanner Straße ab und unterqueren Sie die viel befahrene L3174. Die letzten 1,5 km werden Sie zwischen landwirtschaftlichen Feldern hinunter nach Gotthards geführt. Hier gibt es kaum etwas Spektakuläres zu sehen. Die Wege sind recht geradlinig, hier und da passieren Sie eine Bank. Kurz vor **Gotthards** wandern Sie nach rechts auf eine asphaltierte Straße und laufen parallel zum Flüsschen Nüst in die Ortschaft hinein. Die ringstraßenartige Rollgasse führt Sie auf die Schwarzbacher Straße, auf der Sie sich schließlich links halten. An der Landesstraße (3176) halten Sie sich zunächst rechts und biegen direkt links in die Kettener Straße ein. An der Pension Rhönhof endet Ihre heutige Etappe.

Gotthards

Pension Rhönhof, Kettener Straße 2, 36167 Gotthards, ☏ 066 84/91 74 44, info@rhoenhof.net, www.rhoenhof.net, ÜF EZ ab € 55, DZ ab € 80, € 7, Mi-So 11:00-14:00 und 17:00-21:00, Hotelgäste werden auch an den beiden Ruhetagen verpflegt

Freibad Gotthards, Kettener Straße, 36167 Gotthards, 01 71/833 48 89, ab Juni 10:00-19:00 ab Außentemperatur von mind. 18 Grad

Busverbindung nach Schwarzbach sowie Hünfeld (hier)

Gotthards (knapp 400 Einwohnerinnen und Einwohner) ist ein einfacher Übernachtungsort. Im Juli findet ein Backhausfest statt, ansonsten können Sie an schönen Tagen noch ein paar Bahnen im beheizten Freibad ziehen.

Etappe 5: Von Gotthards nach Tann

15,5 km, 4 Std. 30 Min., 579 m, 624 m, 312-688 m

0,0 km	375 m	Gotthards
3,0 km	545 m	Abzweig Rößberg
3,5 km	496 m	Bildtanne
10,9 km	643 m	Habelstein
15,5 km	380 m	Tann BANK

Die heutige Etappe gehört sicher nicht zu den attraktivsten des HOCHRHÖNERS®, macht aber auch nicht viel falsch: Sie wandern überwiegend im Wald oder am Waldsaum entlang. Nach den letzten Tagen in der Hochrhön ist das vielleicht auch Meckern auf hohem Niveau! Das größte Highlight des Tages können Sie sich aber selbst setzen, wenn Sie einen Tag früher als vorgesehen einen Abstecher über die Landesgrenzen nach Thüringen machen: Oberhalb der Bildtanne führt Sie ein Schleichpfad auf den alten Kolonnenweg der DDR. Folgen Sie diesem 800 m, erreichen Sie den Rößberg – eine der schönsten Ausblicke Südthüringens. Hier oben bekommen Sie die für die Rhön typischen voralpenländlichen Gefühle: Auf einer hölzernen Bank unter einem Gipfelkreuz sitzend haben Sie einen Blick über die mageren Bergwiesen in weite und tiefe Täler. Vom kleinen Ausflug zurück geht es über die bewaldeten Klippen des Habelberges runter in das historische Städtchen Tann, das in den 1990er-Jahren als einer der schönsten Tourismusorte Deutschlands betitelt wurde.

Starten Sie an dem Parkplatz der Pension Rhönhof und wandern die Bergstraße hinauf. Biegen Sie nach 150 m rechts auf eine Wiese ab und steigen Sie schließlich den schmalen und mit dicht stehendem Gestrüpp gesäumten Weg hinauf. An der T-Kreuzung geht es linker Hand einen kurzen Abschnitt über einen landwirtschaftlichen Weg entlang. Danach gehen Sie bei der nächstmöglichen Gelegenheit rechts in einen weiteren schmalen Weg mit etwas lockerer stehender Vegetation. Auf halber Höhe passieren Sie eine brache, aber idyllische Fachwerkscheune, ehe Sie auf einen steilen Wiesenhang kommen. Oben begrüßt Sie eine Holztafel mit dem Spruch „Gottseidank, gleich kommt eine Bank". Anschließend passieren Sie die angekündigte Bank. Entlang des Waldrandes führt Sie der schmale Weg oberhalb von Gotthards entlang. Hier bieten sich einige Blicke auf die Berge der vergangenen Wandertage. Verpassen Sie es nicht, nach der Wegekrümmung scharf nach links in den Wald einzubiegen.

Durch den tollen Buchenwald führt eine Haarnadelkurve weiter nach oben. An schönen Tagen hören Sie bereits am frühen Morgen die spielenden Kinder im unten gelegenen Freibad. Nach Verlassen des Waldes halten Sie sich an der ⩩ Bank rechts und dann beim nächsten Wiesenweg über die Waldlichtung links nach oben. An dem gegenüberliegenden Saum verläuft der Weg rechts weiter. Sie passieren eine ⩩ Bank mit dem Namen **Wasserkuppenblick** ❶. Tatsächlich haben Sie eine Aussicht auf Wasserkuppe, Milseburg, Schloss Bieberstein und sogar bis nach Fulda auf die St.-Lioba-Kirche (ganz rechts, knapp vor dem Waldrand).

Sie verlassen den kleinen Wiesenpfad und gehen kurz auf einen asphaltierten Weg über, biegen dann erst links hoch und dann rechts runter. Der Markierung des HOCHRHÖNERS® folgend müssen Sie nun rechts hinunter Richtung Wanderparkplatz Bildtanne.

Bevor Sie nach rechts zum Wanderparkplatz Bildtanne absteigen, haben Sie bei km 3 die Möglichkeit, geradeaus einem eher unscheinbaren Trampelpfad durch eine breitere Hecke zu folgen. An diesem Abzweig ❷ führt der Weg Sie hoch zum 800 m entfernt liegenden **Rößberg** (639 m), einer der schönsten Aussichten Südthüringens. Wenn Sie am Ende des Pfades aus dem Gestrüpp herauskommen, halten Sie sich links und gehen den steilen, alten Kolonnenweg aus DDR-Zeiten etwa 230 m entlang. Damit befinden Sie sich auch auf dem Grünen Band, das fast 1.400 km durch Deutschland führt. Sie können von hier aus schon die Aussicht erahnen, folgen Sie Ihrem Gespür und überqueren Sie die Trampelpfade auf der vor Ihnen liegenden Wiese. Wenig später erkennen Sie das Gipfelkreuz. Von der ⩩ Bank aus haben Sie einen sagenhaften Blick ins Land. Vor Ihnen liegt das Ulstertal und der Rockenstuhl mit Sendemast und unter Ihnen das Örtchen Ketten. Auf dem Rückweg müssen Sie nicht wieder den Pfad durch die Hecken nehmen, marschieren Sie den Weg einfach geradeaus hinunter bis zum P Wanderparkplatz Bildtanne.

Unten am Wanderparkplatz **Bildtanne** ❸ passieren Sie ein paar Sitzgelegenheiten, darunter eine ⩩ Bank des HOCHRHÖNERS® sowie eine Schutzhütte, und überqueren die Kreisstraße 128.

Gegenüber dem Wanderparkplatz befindet sich eine Mariengrotte. Der Erzählung nach, hat hier ein Mädchen unter einer Tanne Schutz vor einem tosenden Gewitter gesucht. Trotz Blitzeinschlag in den Baum blieb das Mädchen unversehrt. Zum Dank wurde diese ✞ Grotte errichtet und Tannen gepflanzt – namensgebend für den Wanderparkplatz.

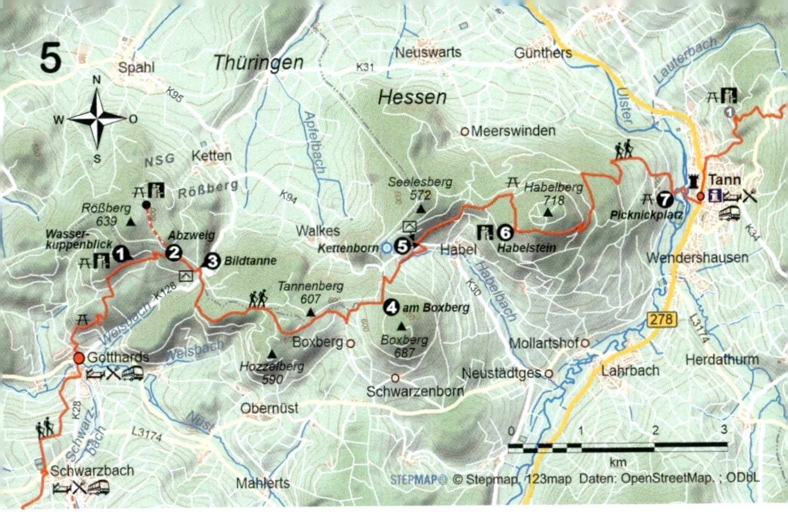

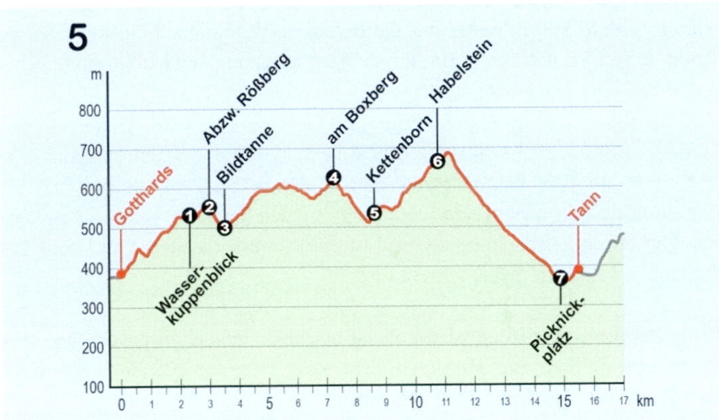

Der HOCHRHÖNER® führt nun über einen breiten Forstweg gegenüber der Straße leicht bergauf und etwas später in einen Wald. Die nächsten 1,9 km sind wenig spektakulär. Durch den langsam voranschreitenden Waldumbau haben Sie inzwischen hier und da ein paar kleinere Aussichten, dennoch können Sie sich hier entspannt dem Nahen widmen. Die Wahrscheinlichkeit ist hoch, direkt am Wegesrand einen Russischen Bären auf einer Kratzdistel anzutreffen. Die Falter halten auch beim Näherkommen still und sind aufgrund der schwarz-rot-gelben Färbung recht fotogen.

Aus dem Wald heraus gelangen Sie wieder in eine Offenlandschaft und wandern unterhalb des Tannenberges (607 m) entlang. Der kleine Weiler unter Ihnen ist nach dem gleichnamigen **Boxberg** (687 m) benannt und liegt fernab der Kreisstraße. Wandern Sie dem Weiler ein kleines Stück entgegen und nehmen Sie kurz davor die Haarnadelkurve wieder nach oben. Anschließend wird auch der Boxberg ❹ lediglich umkurvt. Die eigentliche Kuppe ist bewaldet und bietet daher keine nennenswerten Aussichten.

Nach dem bewaldeten Abschnitt beim Boxberg steigen Sie den steilen Wiesenweg herab. Der Habelbach neben Ihnen begleitet Sie bis zu einer asphaltierten T-Kreuzung, an der Sie nach links abbiegen. Den landwirtschaftlichen Weg queren Sie diagonal an der Quelle **Kettenborn** ❺. Danach nehmen Sie rechts die Kurven aufwärts und passieren eine ⌂ Wetterschutzhütte. Der Ort unter Ihnen ist **Habel**. Diesen werden Sie wenig später nochmals besser in den Blick bekommen. Der schöne Pfad verläuft lange geradeaus und passiert eine ⩚ Bank, bis er in den Wald einknickt und Sie über Stock und Stein näher an den **Habelberg** (718 m) geführt werden. 500 m weiter mündet der kleine Waldweg auf einem Forstweg, diesem folgen Sie nach links. An der nächsten Kreuzung müssen Sie nach rechts in den Wald des Habelberg aufsteigen.

Wohl auch auf dem Habelberg haben die Keltinnen und Kelten gesiedelt. Ein vermutlich unfertiger Ringwall am Westhang des Berges zeugt davon. Falls Sie sich mit Bodendenkmälern nicht auskennen, werden Sie davon wenig sehen können. Der einzige archäologische Fund ist ein Schwert, das heute im Vonderau-Museum in Fulda zur Schau gestellt wird.

↳ An dieser Kreuzung ist der Aussichtspunkt Heufeld ausgeschildert. Wer gerade eine ⩚ Bank zum Pausieren sucht, kann gerne die 100 m hinunterwandern. Ansonsten lohnt der Abstecher wenig.

Ab hier beginnen die 130 Höhenmeter bis knapp unterhalb des Habelberggipfels. Nur 400 m nach der Kreuzung mit dem Abstecher zum Aussichtspunkt Heufeld achten Sie zu Ihrer Rechten auf kleine Pfade, die sich abseits des Forstweges zwischen den Buchen entlangschlängeln. Dort geht es zum lohnenden Ausblick **Habelstein**, der leider nicht ausgeschildert ist. Folgen Sie den vorgetrampelten Pfaden durch den Wald für rund 80 m, um zu den basaltenen Klippen des Berges ❻ zu gelangen. Hier erwartet Sie eine gemütlich gelegene ⩚ Bank mit Blick auf den Ort Habel.

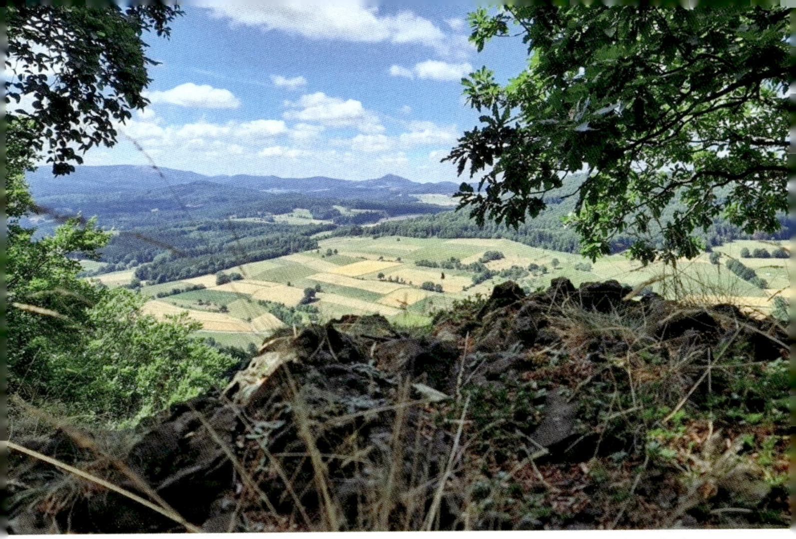

Am Habelstein lässt es sich erholen

Der HOCHRHÖNER® touchiert nur den Gipfel des Habelberges (718 m), der höchste Punkt bleibt unberührt. Gar nicht schlimm! Die bewaldete Spitze bietet keinen Ausblick ins Land, so umrunden Sie das Massiv auf breiten Forstwegen und steigen bei der nächsten Gelegenheit in mehreren großen Serpentinen wieder herab. Hiermit wird auch der Schlussspurt eingeleitet. Der Weg fordert jedoch nochmals etwas mehr. Auf den letzten 3 km steigen Sie auch über 300 Höhenmeter runter ins Ulstertal. Es werden aber genügend ⛼ Bänke passiert, die zum Ruhen einladen und einen herrlichen Blick über das idyllisch gelegene Städtchen **Tann** preisgeben. Es bietet sich ein guter Blick über das rote, blaue und gelbe Schloss sowie auf die evangelische Kirche.

Unten halten Sie sich an dem ⛼ Picknickplatz mit den Sternenpark-Informationen ❼ links und überqueren die beiden Brücken, die über die Seitenarme der Ulster führen. Hier unterhalb der Schlossmauern befindet sich ein Zugang zur Ulster mit einigen attraktiven ⛼ Sitzgelegenheiten – eine sehr einladende Möglichkeit, nach einer langen Wanderung seine Füße in dem bergbachkalten Gewässer abzukühlen. An der Schlossmauer müssen Sie nur noch der Straße (Am Unsbach) folgen, die kurz darauf in einem Fußgängerweg und schließlich in einer Treppe mündet. Oben stehen Sie vor dem barocken ⌘ **Stadttor**. Dahinter verbirgt sich der Marktplatz, wo an dem ⌘ **Denkmal für den bayerischen General Ludwig** Ihre heutige Etappe endet.

Das massige Stadttor aus der Renaissancezeit quetscht sich in die engen Häuserzeilen und erlaubt, heute nur im Wechsel die Stadt zu verlassen oder zu besuchen. Die wuchtigen Turmhauben erhielt das Stadttor erst 200 Jahre nach der Renaissance bei einer Erweiterung. Noch heute kann die Wachstube samt zugehörigem Kerker besichtigt werden. Inzwischen nutzt der hiesige Kultur- und Geschichtsverein die Räumlichkeiten regelmäßig für Ausstellungen, auch heiraten können Sie in dieser geschichtsträchtigen Kulisse.

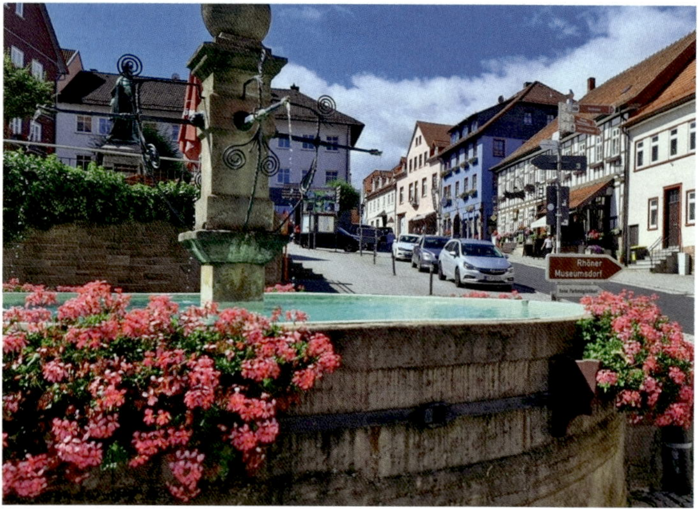

Schöner Marktplatz in Tann

Tann

Tourist-Information, Marktplatz 9, 36142 Tann, ☏ 066 82/96 11 11, tourist-info@tann-rhoen.de, www.tann-rhoen.de/tourismus-und-kultur, April-Okt Mo 9:00-11:30 und 13:00-16:00, Di-Fr 9:00-17:00, Sa, So 10:00-17:00

Hotel „Am Rathaus", Steakhouse, Marktplatz 16, 36142 Tann, ☏ 066 82/962 20, info@tann-hotel.de, www.tann-hotel.de, ÜF EZ ab € 50, DZ ab € 80, € 10, Di-Fr ab 17:00, Sa, So ab 11:00

♦ **Zur Krone**, Am Stadttor 2, 36142 Tann, ☏ 066 82/213, info@zur-krone-tann.de, www.zur-krone-tann.de, ÜF EZ ab € 55, DZ ab € 86, MBZ ab € 129, € 10, Di-So 8:00-13:30 und 17:30-20:00

Wirtshaus Landmetzgerei Zum Zobel, Am Marktplatz 12, 36142 Tann, 066 82/244, info@zum-zobel.de, www.zum-zobel.de, Do-Di 9:00-14:00 und 17:00-21:00

♦ **Pizzeria La Porta**, Am Kalkofen, 36142 Tann, 066 82/970 22 29, Sa-Mi 11:00-14:00 und 17:00-22:00, Fr 17:00-22:00

♦ **Alte Post Pizza und Döner**, Marktstraße 19, 36142 Tann, 066 82/97 03 46, täglich 11:00-22:00

Café Fabula, Schloßstraße 3, 36142 Tann, 066 82/91 71 42, post@sagen-keller.de, www.sagen-keller.de, ab April Fr-So 12:00-18:00, Wintersaison Sa, So 12:00-17:00

EDEKA, Heidelsteinstraße 2, 36142 Tann, 066 82/917 00 51, Mo-Sa 8:00-20:00

♦ **Tegut**, St.-Nikolaus-Weg 13, 36142 Tann, 066 82/91 92 70, Mo-Sa 8:00-20:00

Bäckerei Hollenbach, Marktstraße 8, 36142 Tann, 066 82/273, Mo-Fr 7:30-18:00, Sa 7:00-15:00, So 11:00-12:00. ☺ Hier bekommen Sie den traditionellen Zwibbelsploatz.

♦ **Sport & Trachten Walter**, Steinweg 31, 36142 Tann, Mo-Sa 9:00-12:00 und 14:00-18:00, Geschäft für Outdoorbedarf

Tannen-Apotheke, Marktstraße 6, 36142 Tann, www.apotheke-tann.de, Mo-Sa 8:30-13:00, Mo-Fr auch 14:30-18:30

Geriethbad Tann, Am Geriethpark 3, 36142 Tann, 066 82/91 75 42, foerderverein@geriethbad.de, www.geriethbad.de, Mitte Mai-Mitte Sep täglich 10:30-20:00 bei mind. 20 Grad

blaues, rotes und gelbes **Schloss**, Schloßstraße, 36142 Tann

⌘ **Freilichtmuseum Rhöner Museumsdorf & Naturmuseum**, Marktplatz 6, 36142 Tann, 066 82/96 11 27, naturmuseum@tann-rhön.de, Di-So 10:00-17:00

Mit der Buslinie 20 erreichen Sie fast stündlich das Oberzentrum Fulda mit Fernverkehrsanbindung. Busverbindung ebenfalls nach Dermbach über Dietgeshof und Andenhausen

Tann (ca. 4.300 Einwohnerinnen und Einwohner) blickt auf eine lange Historie zurück. Vermutungen zufolge begannen die ersten Siedlungen durch irische Mönche bereits vor der Gründung des Klosters Fulda durch Bonifatius. Irische Spuren lassen sich in der Rhön immer wieder finden. Auch der angrenzende Fluss Ulster soll nach der gleichnamigen irischen Provinz benannt sein. Als ehemaliger Rittersitz befindet sich der von der Tann'sche Adel noch heute in dem dreiteiligen Schlosskomplex unterhalb der Altstadt.

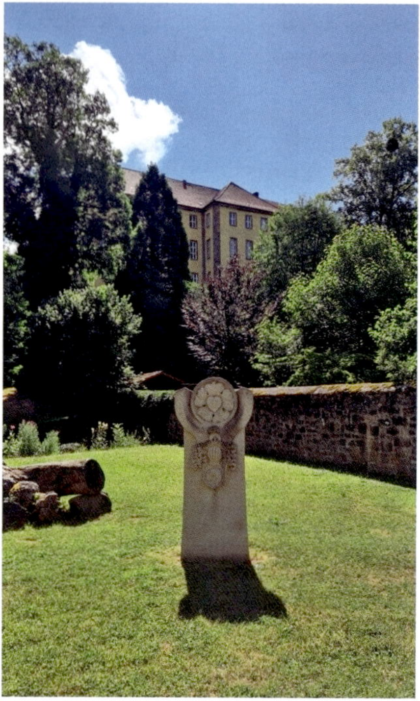

An Schloss und Ulster unterhalb von Tann kann sich Abkühlung verschafft werden

Da Eberhard von der Tann ein Vertrauter Martin Luthers war, setzte sich in der größtenteils katholisch geprägten Rhön schneller der reformierte Glauben durch. Dies führte jedoch zu Konflikten, insbesondere mit dem Fürstbistum Fulda, und dazu, dass die Stadt fortifiziert wurde. Tann musste sich oft den vielen angrenzenden Herrschern unterwerfen, so wurde die Stadt erst fuldisch, dann bayerisch, später preußisch und zuletzt hessisch. Im Zuge der innerdeutschen Teilung lag Tann erneut im Grenzbereich des historischen Geschehens.

Tann hat trotz seiner beschaulichen Größe viele sehenswerte und historisch bedeutsame Gebäude. Es lohnt sich die Straße unterhalb des Marktes entlangzuflanieren, besonders spannende Gebäude sind mit Informationen versehen. In den letzten Jahren ergaben sich aber immer wieder Komplikationen, wie die sensible Gebäudesubstanz nachgenutzt werden kann. So steht insbesondere das über 500 Jahre alt **Elf-Apostel-Haus** seit Langem leer.

Der ♜ **Schlosskomplex** kann aufgrund des Privatbesitzes nur von außen besichtigt werden.

Das Schloss in Tann in ein Garnerbenschloss, dabei wird klar, warum es das **blaue, rote und gelbe Schloss** gibt: Die Familie der von der Tann blieb im Schloss und teilten dieses auf die drei Familienzweige auf. Da die Familienzweige aus unterschiedlichen Epochen stammen, wurde auch der Komplex immer wieder erweitert. Während das blaue und rote Schloss der Renaissance entstammen, wurde das gelbe Schloss in der Barockzeit gebaut.

Etappe 6: Von Tann nach Dermbach

18,4 km, 5 Std. 30 Min., ↑ 633 m, ↓ 608 m, ⇧ 326-665 m

0,0 km	⇧ 380 m	Tann
2,3 km	⇧ 508 m	Dietgeshof
7,0 km	⇧ 534 m	Andenhausen, Zusammentreffen HOCHRHÖNER®-Variante
13,6 km	⇧ 643 m	Föhlritz
14,4 km	⇧ 665 m	Gläserberg
15,7 km	⇧ 542 m	Trinkwasserquelle Hirtentränke
18,4 km	⇧ 362 m	Dermbach

Der HOCHRHÖNER® verlässt Hessen und erreicht nun offiziell Thüringen. Fern von touristischen Highlights finden Sie hier auf dem Weitwanderweg ein schönes Wechselspiel aus offenen Landschaften mit erfrischenden Weitsichten ins Thüringer Land und kulturhistorischen Landmarken. Höhepunkt der Wanderung ist definitiv das Areal um den Gläserberg. Bereits nach dem Waltersberg geht es am Kamm entlang auf den Bergrücken zu. Oben erwartet Sie eine der schönsten Berghütten der Rhön mit hervorragendem 360-Grad-Ausguck. Der Abstieg geht durch einen Urwald mit Buchenriesen hinunter zu den Dermbacher Klippen und weiter zur Stadt Dermbach, die mit dem ein oder anderen kulinarischen Highlight aufwarten kann.

Am Marktplatz in Tann folgen Sie der Marktstraße hinunter, die in den Steinweg übergeht. In der Bäckerei Hollenbach haben Sie die Möglichkeit, ein wenig frisches Backwerk und den traditionellen Ploatz für die Mittagsvesper einzupacken. Vor dem Friedhof knickt der Steinweg ab und Sie biegen nach rechts erst in den Geriethweg, dann gleich nach links in den Friedhofsweg ein. Dieser mündet in die Straße Am Weinberg und geht direkt in die Straße Rotenhauck über. Lassen Sie sich nicht verwirren. Rotenhauck verläuft als Parallelstraße: Nehmen Sie den ersten Weg nach oben und passieren Sie den jüdischen Friedhof und die altehrwürdige ⌘ Winterlinde rechter Hand. Die nächsten 2 km haben immer wieder kleinere steile Abschnitte inne, denn es geht zum rund 300 m höher gelegenen Dietgeshof hinauf. Die asphaltierte Straße mündet bald darauf in einem geschotterten Weg.

Vielleicht fallen Ihnen die merkwürdig geformten, violett-gelb-roten Pflanzen am Wegesrand auf. Zwar sind diese nicht selten, aber selten zu sehen. Es handelt sich um das halbschmarotzende Hain-Wachtelweizen, eine Pflanze, die sich in die Wurzeln benachbarter Pflanzen bohrt, um diesen Nährstoffe und Wasser zu entziehen.

Der Forstweg macht eine ausladende Kurve, hält eine einladende Bank bereit und verläuft danach geradeaus nach unten. An dieser Stelle müssen Sie den Forstweg über ein paar Kalksteintritte zugunsten eines grasigen Pfades nach oben rechts verlassen. Dort steht gerade richtig zur Pause eine geschnitzte **Bank des HOCHRHÖNERS® ❶**. Vor Ihnen erstreckt sich das Hessische Kegelspiel – neun gleichaussehende Kuppen sowie der bekannte ehemalige Grenzübergang Point Alpha.

Die Riesen auf der Kegelbahn

Der Sage nach soll das Hessische Kegelspiel früher eine Kegelbahn für Riesen gewesen sein. Jedoch sieht die Wissenschaft den Ursprung im Vulkanismus, denn das Kegelspiel bietet eine besondere Dichte an ehemaligen Vulkanschloten. Neun ähnlich aussehende, kleine Vulkane stehen hier nebeneinander. Kein Wunder also, dass bei dieser Zahl direkt an eine Kegelbahn gedacht wurde. Um sich die einzelnen Bergnamen zu merken, wird in der Vorderrhön ein kleines Sprüchlein aufgesagt:

Siehst (Soisberg) du wie das kleine (Kleinberg) Wiesel (Wisselsberg) auf seinem lichten (Lichtberg) Rücken (Rückersberg) den Apfel (Appelsberg) über Moor (Morsberg) und Hübel (Hübelsberg) in den Stall (Stallberg) bringt?

Sie passieren eine Weide und nach der nächsten Kurve einige inzwischen leer stehende Gebäude.

An der Bushaltestelle (nach Tann, Dermbach und Andenhausen) müssen Sie die Landesstraße queren und den asphaltierten Weg gegenüber aufsteigen. Ein Schild weist Ihnen schon die **Apfelweinstube Dietgeshof ❷** aus.

Lassen Sie sich an der Apfelweinstube nicht beirren. Der Wirt hat sich als Marketing-Gag etwas Nettes ausgedacht, nämlich eine offiziell wirkende Beschilderung des HOCHRHÖNERS®, die durch seinen Vorgarten führt. Gar nicht schlimm! Gehen Sie den Weg ruhig, da sich von seinem Plateau aus sogar ein guter Ausblick ergibt. Hinter der Apfelweinstube trifft sich der Weg des Wirtes mit dem originalen HOCHRHÖNER® wieder zusammen, ohne dass Sie Umwege in Kauf nehmen mussten.

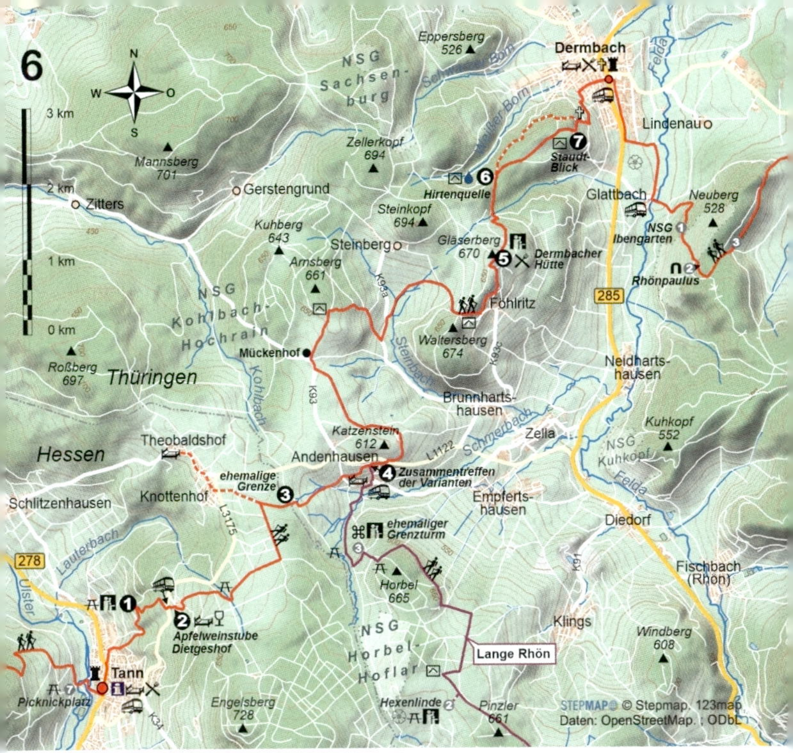

6
N
W
O
S
3 km
2 km
1 km
0 km
Eppersberg 526
Dermbach
NSG Sachsenburg
Felda
Lindenau
Zellerkopf 694
Mannsberg 701
Staudt-Blick
Hirtenquelle
Gerstengrund
Zitters
Glattbach
Neuberg 528
Steinkopf 694
NSG Ibengarten
Kuhberg 643
Steinberg
Gläserberg 670
Dermbacher Hütte
Arnsberg 661
Rhönpaulus
285
NSG Kohlbach-Hochrain
Föhlritz
Waltersberg 674
Mückenhof
Roßberg 697
Thüringen
Neidhartshausen
K93
K93c
Steinbach
Kohlbach
Brunnhartshausen
Katzenstein 612
Kuhkopf 552
NSG Kuhkopf
Theobaldshof
Zella
Hessen
Andenhausen
L1122
Schmerbach
Zusammentreffen der Varianten
ehemalige Grenze
Schlitzenhausen
Knottenhof
Empfertshausen
L3175
Diedorf
ehemaliger Grenzturm
Lauterbach
278
Ulster
Fischbach (Rhön)
Horbel 665
K91
Klings
Apfelweinstube Dietgeshof
Windberg 608
NSG Horbel-Hoflar
Lange Rhön
Tann
Picknickplatz
Engelsberg 728
Hexenlinde
Pinzler 661
K34
STEPMAP © Stepmap, 123map
Daten: OpenStreetMap, ; ODbL

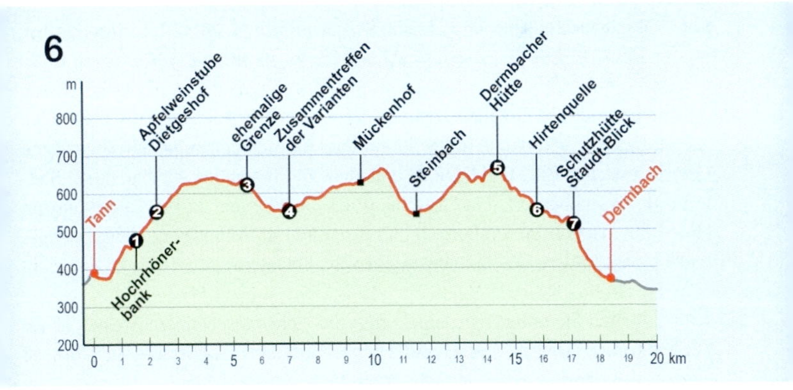

6
m
800
700
600
500
400
300
200
Tann
Hochrhöner-bank
Apfelweinstube Dietgeshof
ehemalige Grenze
Zusammentreffen der Varianten
Mückenhof
Steinbach
Dermbacher Hütte
Hirtenquelle
Schutzhütte Staudt-Blick
Dermbach
0
1
2
3
4
5
6
7
8
9
10
11
12
13
14
15
16
17
18
19
20 km

Apfelweinstube Dietgeshof, Dietgeshof 1, 36142 Tann, ☏ 066 82/315, www.dietgeshof.de, ÜF DZ ab € 40 mit Sanitäranlagen auf dem Gang, DZ ab € 80 mit eigenem Bad. Matratzenlager ab € 20, kleine Speisen für die Abendverpflegung möglich, € 5, Fr-Mi ab 10:00

Anschließend führt der Weg auch schon wieder aus dem Weiler Dietgeshof hinaus, vorbei an einer Pferdekoppel, an der Sie sich links halten, und nachfolgend gehen Sie rechts den geteerten Weg hoch. Nachdem der Weg einen Bogen genommen und den Lauterbach gequert hat, passieren Sie eine überdachte Bank.

Die nächsten 1,8 km verlaufen recht eintönig über eine sonnige Hochebene. Wegen der asphaltierten Wegbeschaffenheit können Sie daher gut ein Stück schneller wandern. Immerhin stehen auf dem Plateau meistens weidende Kühe, die Gelegenheit für den ein oder anderen Halt bieten. 900 m nach der Bank nehmen Sie an der Kreuzung den linken Weg, der lange geradeaus führt, und an der nächsten Möglichkeit den rechten Abzweig.

Bei km 5,1 können Sie den Weg links zum Theobaldshof nehmen, denn eine Unterkunft liegt rund 1,6 km entfernt vom Weg. Halten Sie sich dafür zunächst links auf den asphaltierten Weg, queren Sie dann die Landesstraße 3175, gehen Sie in die Ortschaft Knottenhof und halten Sie sich an der Engelsbergstraße rechts. Am Ende biegen Sie in die Rhönbergstraße nach links ein, passieren die Bushaltestelle (Busanbindung nach Tann und Dietgeshof) und folgen der Straße 600 m zur Unterkunft.

Gasthaus Zur schönen Aussicht, Rhönbergstraße 17, 36142 Tann-Theobaldshof, ☏ 066 82/216, ÜF EZ ab € 34, DZ ab € 68, auf Anfrage, Di-So ab 11:00

Am Ende dieser Geraden kommen Sie in einen bewaldeten Abschnitt. Eine alte Holztafel macht darauf aufmerksam, dass Sie sich genau auf der ehemaligen **Grenze zwischen BRD und DDR ❸** befinden. Die Vegetation wirkt an dieser Stelle besonders unberührt. Eine Mischung aus Buchen und Birken sowie einigem Unterholz markiert diesen Bereich. Ab hier wird der Weg wieder abwechslungsreicher. Sie wandern den Kolonnenweg rechts hinunter.

Achten Sie unbedingt darauf, dass Sie nicht zwischen den Steinen in die Lücken treten. Manche Lücken wirken mit Gras bereits zugewachsen, das ist jedoch oft trügerisch. Hier herrscht große Verletzungsgefahr!

Den Kolonnenweg wandern Sie hier nur ein kurzes Stück entlang, ehe Sie nach links auf eine offene Wiese abbiegen. Halten Sie sich bis nach **Andenhausen** immer geradeaus. Sie wandern an der ein oder anderen Weide vorbei und der Weg führt Sie kurz vor Andenhausen noch einmal in eine kleine Senke. Schließlich queren Sie die Tanner Straße, wandern noch einmal über eine Wiese und folgen der Kurve hoch in das Dorf. Dort gelangen Sie direkt in die Straße Berggarten. In dieser Straße befindet sich auch ein privat geführter Kioskautomat direkt am Straßenrand. Feste Öffnungszeiten gibt es nicht. Ist das Tor offen, ist auch der Automat offen, ist das Tor geschlossen, ist auch der Automat unzugänglich – so das Hinweisschild.

Am Abzweig der Straße Kirchberg stoßen die beiden **Varianten Kuppenrhön und Lange Rhön des HOCHRHÖNERS® ❹** wieder zusammen.

☺ Laufen Sie die Hochrhönrunde, schauen Sie auf ☞ Seite 154 weiter.

Andenhausen

Ferienwohnung am Hochrhöner, Tanner Straße 30, 36452 Andenhausen,
015 75/362 29 46, fewo.amhochrhoener@gmail.com,
www.fewo-amhochrhoener.jimdo.com, Ü EZ ab € 49, DZ ab € 56, F € 8,50

Kioskautomat, Berggarten, 36452 Andenhausen

Busverbindung nach Tann mit Halt in Dietgeshof und Dermbach

Andenhausen ist mit seinen knapp 200 Einwohnerinnen und Einwohnern ein sehr beschauliches Dorf. Bis auf drei als Naturdenkmal eingestufte Linden bei der Kirche sowie die schmucke evangelische Kirche selbst gibt es wenige Sehenswürdigkeiten. Idyllisch wirkt es trotzdem. Von Verwüstungen, wie dem 30-jährigen Krieg, blieb Andenhausen jedoch weitestgehend verschont – der Ort lag einfach zu abgelegen.

Laufen Sie geradeaus aus Andenhausen hinaus und queren Sie die Straße (L1122). Diagonal können Sie einen kleinen, etwas versteckten Rasenweg sehen. Sie können genauso die gut sichtbare asphaltierte Straße mit dem Schild „**Hotel Katzenstein**" nehmen und finden dort zusätzlich die ein oder andere Holzschnitzerei mehr, die die Zufahrt zum Hotel schmückt.

Zum Zeitpunkt der Recherchen befand sich das () (✕) **Hotel und Restaurant Katzenstein** im Umbau und blieb deshalb geschlossen. Vor den Baumaßnahmen war das Hotel nicht sonderlich zu empfehlen. Zwar hat es viele Zimmer und ist auch insgesamt etwas geräumig, sobald Sie aber einen zweiten Blick darauf werfen, wirkt es sehr verlassen. Lage und Aussicht sind dafür gut. Wer die ♜ Festung auch von außen etwas gespenstisch findet, vermutet richtig: In den 1930er-Jahren wurde es im Zuge des nationalsozialistischen Einflusses als Burggasthof mit Basalt aus der Umgebung gebaut. Bleibt zu hoffen, dass sich durch den Umbau einiges bessert.

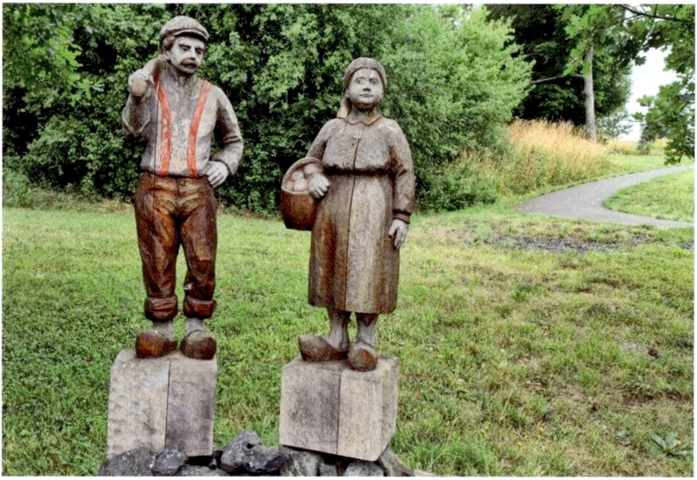

Bäuerliche Skulpturen auf dem Weg zum Katzenstein

An dem namensgebenden **Berg Katzenstein** (612 m) führt der HOCHRHÖNER® nur vorbei. Da er sich auf einer umzäunten Weide befindet, ist er auch nicht über einen Abstecher zu erreichen, als steinerne Spitze aber vom Weg aus zu sehen. Der HOCHRHÖNER® macht einen großen Bogen um den eigentlichen Gipfel und knickt vor dem Burgbauernhof Katzenstein an einer Baumreihe nach rechts ab. Über die Wiesen geht es dann gut 1,1 km, bevor Sie kurz an der Kreisstraße (K 93) entlangwandern. Von der Kreisstraße nehmen Sie rechts den zweiten Weg. An der Stelle, wo einst der **Mückenhof** in Grenznähe geschleift wurde, wird heute wieder gebaut.

Gehen Sie vom ehemaligen Mückenhof den Weg weiter, der in Richtung Norden führt. 700 m weiter tauchen Sie in einen Wald ein und passieren eine ⌂ Schutzhütte mit einer Bank, an der sich der Weg gabelt.

Von hier haben Sie einen guten Blick zurück auf den Weg der vergangenen Wandertage, in Richtung Milseburg und Wasserkuppe. Halten Sie sich rechts, gehen Sie den kleinen Pfad durch den Wald herab und lassen Sie sich auch nicht von den nächsten beiden Wegegabelung nach links leiten. Erst unten an der Kreisstraße (K93a) müssen Sie scharf nach links abbiegen, der Straße folgend, dürfen aber schon 300 m später die Straße nach rechts wieder verlassen. Neben Ihnen fließt kaum merklich der Steinbach, den Sie ebenso unmerklich queren. Wenn Sie Glück haben, begegnen Sie hier aber dem ein oder anderen zotteligen Hochlandrind.

Der HOCHRHÖNER® macht einen großen Bogen über das Grünland. Halten Sie sich so lange auf diesem landwirtschaftlichen Weg, bis Sie auf asphaltiertem Untergrund zu einer größeren T-Kreuzung gelangen. Dort halten Sie sich links in Richtung eines Wanderparkplatzes mit einer Infotafel; nehmen Sie dort den Wiesenweg. Sie passieren eine schöne Schutzhütte mit einer kleinen Fernglasattrappe und einem guten Blick in die Landschaft. Auf dem Höhenweg vor der Schutzhütte gelangen Sie zum 1,3 km entfernten Gläserberg.

Der Ort zu Ihren Füßen ist Föhlritz (80 Einwohnerinnen und Einwohner). Er liegt in einem flachen Sattel zwischen Waltersberg und dem bevorstehenden Gläserberg. Der Ortsname geht vermutlich auf den ersten Siedler des Ortes zurück, der den Namen Folanhart hatte und die Erlaubnis bekam, hier einen Hof zu errichten.

Marschieren Sie am Waldrand immer weiter hinauf, kurz nach dem Wald halten Sie sich links und auf der kleinen Wanderspur danach rechts. Nun können Sie allmählich die **Dermbacher Hütte** sehen, die mit jedem Schritt mehr hinter dem Gipfel des **Gläserberges** (670 m) auftaucht. Oben finden Sie zahlreiche Sitzgelegenheiten. Wenn Sie Glück haben, ist auch die geschwungene Holzliege gerade frei. Bei gutem Wetter haben Sie hier oben einen wunderbaren Blick auf die umliegenden Berge. Eine Schautafel unterstützt Sie dabei, die Berge der Region zu identifizieren. Finden Sie den Pleß mit dem markanten Turm in nordöstlicher Richtung? Das wird Ihr höchster Punkt auf der letzten Wanderetappe werden. Mit einem guten Fernglas können Sie sogar die knapp 35 km entfernte Wartburg erspähen.

Die Bergwiesen um die **Dermbacher Hütte** ❺ sind im frühen und nochmals im späten Sommer sagenhaft schön. An den reichhaltigen Blumenwiesen erfreuen sich aber nicht nur Wandernde. Zahllose Schmetterlinge umflattern den Berg. Nicht selten geschieht es, dass Sie hier mit etwas Geduld den wunderschönen Schwalbenschwanz entdecken. Einmal aufgetaucht müssen Sie sich nicht um ein Foto eilen, der Schmetterling ist sehr habitatstreu.

Die Dermbacher Hütte als Zeichen des starken Zusammenhaltes

„Blick in grenzenlose Freiheit", titelt der Rhönklub den Berg mit der Hütte. Kein Wunder. Zur DDR-Zeit war der Berg für Wandernde gesperrt und das, obwohl der Rhönklub bereits im Jahr 1879 durch die Wanderhütte Anspruch auf den Gipfel erhoben hatte.

Nach der deutschen Wiedervereinigung wurde rasch beschlossen, die Hütte auf dem Gläserberg wieder aufzubauen. Doch dafür wurde die tatkräftige Hilfe der wanderbegeisterten Bevölkerung benötigt. Mit viel Engagement und noch mehr Man- und Woman-Power wurde der Berg wieder seiner traditionellen Nutzung als Wandergipfel zugeführt. Heute kann die Berghütte auch angemietet werden. Rund 15 Schlafplätze finden sich auf dem Dachboden. Für Feierlichkeiten bietet die Hütte Platz für 60 Personen und auch einen Kamin für die kalten Wintermonaten gibt es. Hierfür muss jedoch frühzeitig Bedarf angemeldet werden.

✕ **Dermbacher Hütte**, N 50°41.33' E 010°05.57', ☏ 03 69 64/937 84, So 10:00-17:00, es werden einfache Speisen zubereitet.

Nördlich der Hütte führt ein lang gestreckter, gemähter Pfad über die Bergwiesen, vorbei an einigen Weidetieren, und mündet unten im Wald in einem erdigen und verwurzelten Weg.

Dieser Weg ist teilweise recht steil und nach Regentagen auch matschig.

Das Waldstück ist wundervoll mit alten und urwüchsigen Buchen gespickt. In engen Serpentinen führt der Weg ein Stück herab. Auf einer Zwischenebene gelangen Sie auf einen forstwirtschaftlichen Weg, dem Sie von nun an folgen. Links von Ihnen tut sich nach rund 500 m eine Lichtung mit einer Wetterschutzhütte und ein paar Bänken auf. Das hier aufsprudelnde Wasser der **Hirtenquelle ❻** ist trinkbar. Bei der nächsten Wegegabelung direkt nach der Lichtung biegt der HOCHRHÖNER® rechts ab.

Sie können an dieser Wegegabelung auch geradeaus gehen und die Dermbacher Klippen – ein kleines landschaftliches Plus – mitnehmen. Nach 800 m zweigt nach rechts ein kleiner, etwas abschüssig verlaufender Pfad ab. Diesem folgen Sie, bis Sie auf eine Wiesenfläche und somit zurück auf den HOCHRHÖNER® gelangen.

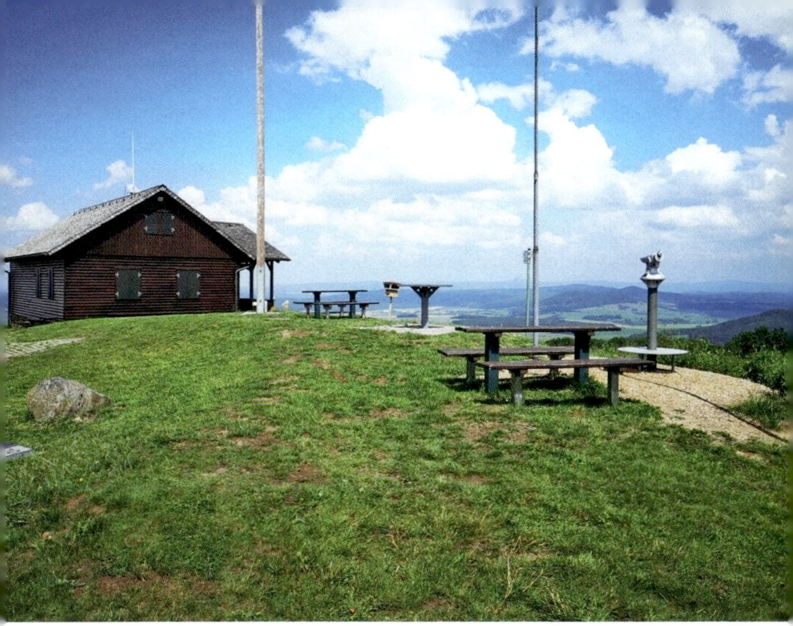

Die Dermbacher Hütte liegt toll auf dem Gläserberg

Nach wenigen Metern kommen Sie erneut auf eine Lichtung. Zu Ihrer Rechten befindet sich eine Hundeauslauffläche. Folgen Sie dem Wirtschaftsweg weitere 800 m bis zur schön gelegenen ⌂ **Schutzhütte Staudt-Blick ❼** und steigen Sie dort in den engen Heckenweg ein. Ab hier verlassen Sie den markierten Weg des HOCHRHÖNERS®, um in die angrenzende Ortschaft Dermbach zu gelangen. An der nachfolgenden T-Kreuzung kommen Sie auf eine offene, magere Wiese und nach rechts wandern Sie schließlich auf eine kleine Fatima-Kapelle zu. Umkurven Sie die Kapelle und nehmen Sie den Weg dahinter nach Dermbach. Dieser mündet wenig später in der Schützenstraße. Biegen Sie bei der nächsten Gelegenheit in die Ernst-Thälmann-Straße ab und laufen Sie bis hinunter zur Bahnhofstraße. Von hier aus erreichen Sie alle Unterkünfte Dermbachs.

Dermbach

Hotel Zum Rhönpaulus, Bahnhofstraße 21, 36466 Dermbach, ☎ 03 69 64/822 34, info@hotel-rhoenpaulus.de, www.hotel-rhoenpaulus.de, ÜF EZ ab € 60, DZ ab € 90, MBZ ab € 110, Fr-Mi 11:00-22:00

Rhöner Botschaft, Bahnhofstraße 2, 36466 Dermbach, ☏ 03 69 64/86 92 30, info@rhoener-botschaft.de, www.rhoener-botschaft.de, ÜF EZ/DZ ab € 120, € 15, BjoernsOx Mi-Sa 18:30-24:00 (nur mit Reservierung), Wohnzimmer Mi-Sa 18:30-24:00, So 12:00-17:00, das einzige mit Michelin-Stern ausgezeichnete Restaurant Thüringens

Mihms Ferienwohnung, Steinstraße 40, 36466 Dermbach, ☏ 03 69 64/76 32, petramihm@mihms-fewo.de, Ü ab € 40 für 4 Personen, F auf Anfrage

Gasthof Zur Klause, Bahnhofstraße 5, 36466 Dermbach, ☏ 03 69 64/823 79, klause-dermbach@gmx.de, Do-Di 11:00-14:00 und 17:00-22:00

Eiscafé Rehm, Untere Röde 1, 36466 Dermbach, ☏ 03 69 64/86 43 76, bauernhofeis@pfaff-dermbach.de, www.cafe-rehm.de, Mi-So 13:00-18:00

☺ Für den schmalen Geldbeutel gibt es in Dermbach auch einige kleine Imbisse.

Aldi Nord, An d. Zehnt 4, 36466 Dermbach, 7:00-20:00

♦ **EDEKA**, An d. Zehnt 3, 36466 Dermbach, 7:00-20:00

Zobels Bäckerei, Kirchberg 2, 36466 Dermbach, ☏ 03 69 64/823 82, info@zobels-baeckerei.de, www.zobels-baeckerei.de, Mo-Fr 6:00-18:00, Sa 6:00-11:00, Bäckerei in 11. Generation!

♦ **Bäckerei Hilz**, Bahnhofstraße 13, 36466 Dermbach, ☏ 03 69 64/832 34, Mo-Fr 6:30-17:00, Sa, 6:00-11:30

Amts-Apotheke, Steinstraße 2, 36466 Dermbach, ☏ 03 69 64/825 08, amtsapotheker@web.de, www.amts-apotheke-dermbach.de, Mo-Fr 8:00-13:00 und 14:00-18:00, Sa 8:00-12:00

Freibad Dermbach, Schwimmbadweg, 36466 Dermbach, hauptamt@dermbach.de, 15. Mai-15. Sep 10:00-22:00

Busverbindungen nach Tann, Vacha, Bad Salzungen (hier) und Hünfeld (hier) sowie zur Abkürzung nach Glattbach, Wiesenthal und Kaltennordheim

Dermbach, mit seinen rund 7.100 Einwohnerinnen und Einwohnern, wurde nach dem gleichnamigen Fluss benannt, der die Stadt durchfließt. Einen richtigen Marktplatz hat die Stadt nicht, jedoch gibt es im alten Stadtkern ein paar Sehenswürdigkeiten. Schön anzusehen ist die barocke ✞ Klosterkirche des ehemaligen Franziskanerordens, gestaltet vom Architekten Andrea Gallasini. Dieser hat vor allem im Bistum Fulda seine Spuren hinterlassen und zahlreiche bedeutsame Gebäude geschaffen. Das Dermbacher Schloss wird inzwischen vom hiesigen Kunst- und Kulturverein genutzt. An dem Schloss lassen sich noch alte verstärkte Mauerreste erkennen, die auf eine ehemalige Burg hindeuten. Lange Zeit wurde jährlich zu Ehren der wichtigsten Persönlichkeit der Gegend ein Musical aufgeführt: dem **Rhönpaulus** (☞ Seite 103).

Etappe 7: Von Dermbach nach Bernshausen

12,2 km, 3 Std. 30 Min., 449 m, 421 m, 344-561 m

0,0 km	362 m	Dermbach
2,2 km	360 m	Glattbach
3,1 km	442 m	Ibengarten
7,0 km	383 m	Wiesenthal
10,1 km	561 m	Horn
12,2 km	384 m	Bernshausen

Heute erwartet Sie ein einfacher, aber landschaftlich attraktiver und besonders abwechslungsreicher Wandertag. Nachdem Sie Dermbach verlassen haben, begehen Sie mit dem Ibengarten einen Wald mit Eiben jenseits der 800 Jahre und verfolgen die mysteriösen Spuren eines früheren Räubers, der hier in einer Höhle gelebt hat. Die Wiesenthaler Schweiz überrascht danach mit einem lichtdurchfluteten Becken, Wacholderhängen und typischer Kalkmagervegetation. Der abschließende Aufstieg verläuft durch das Naturschutzgebiet des Horns, ehe Sie die Wanderung an der Bernshäuser Kutte, einem 45 m tiefen Erdfallweiher, ausklingen lassen.

Sie starten in Dermbach. Da der HOCHRHÖNER® nur an Dermbach vorbei läuft und der Weg zu dem Weitwanderweg nicht markiert ist, ist es am praktischsten, eine Weile dem Feldatalradweg zu folgen, der auf den Spuren der ehemaligen Bahntrasse verläuft. Sobald die Industriestraße den Weg kreuzt, biegen Sie wenige Meter später in den Wirtschaftsweg nach links ein. Sie können sich bis nach **Glattbach** an der Markierung des **Rhönpaulusweges** orientieren. In dem rund 50 Einwohnerinnen und Einwohner starken Örtchen kommen Sie so zu einer kleinen Kreuzung am Fluss. Dort befindet sich rechts eine Bushaltestelle (Busanbindung nach Dermbach), ein Brunnen wie auch eine geschnitzte Holzfigur des Rhönräubers Paulus, daneben eine Nachbildung seines Gefängniskastens. An dieser Stelle finden Sie auch wieder die Markierung des HOCHRHÖNERS®.

Rhönpaulus, der Räuber aus dem Ibenwald

Johann Heinrich Valentin Paul wuchs schon als Kind unter prekären familiären Bedingungen auf. Nach dem frühen Tod seiner Mutter wurde er zu seinem Onkel gegeben, wo er als Schäfer tätig war. Aus Liebeskummer trat er dem preußischen Militär bei, wurde aber bald darauf im Siebenjährigen Krieg verwundet und kehrte als Kriegsdeserteur wieder nach Hause zurück. Damit ihn das Militär nicht auffinden konnte, versteckte er sich in dem Wald am Neuberg. Dort lebte er in einer Höhle, deren Reste Sie weiter oben in Augenschein nehmen können. Da Paul jedoch mittellos war, bestahl er umliegende und vor allem wohlhabende Bauern oder versuchte sich als Wegelagerer. Paul verwehrte jedoch Gewalt und raubte keine Bedürftigen aus, wodurch aus seinen Verbrechen allmählich die Legende des Rhönpaulus entwuchs. Diese wurde darin bestärkt, dass ihm auch nach Inhaftierungen mehrmals die Flucht gelang. Im Jahre 1780 baute man schlussendlich den sogenannten Pauluskasten – einen Holzkasten eigens für die Gefangennahme des raffinierten Räubers. In diesem Kasten wurde ihm im Jahr 1780 der Prozess gemacht, woraufhin er schlussendlich an einem Galgen in dem vor Ihnen liegenden Wald gehängt wurde. Der Pauluskasten kann heute noch in dem Dermbacher Heimatmuseum besichtigt werden.

Halten Sie sich an dem überdachten ⛩ Picknickplatz links. Auf dem Tisch der Sitzgruppe ist ein kleiner hölzerner Kasten befestigt. Dort drin liegt ein selbst gemachtes Memory-Spiel zum Spielen vor Ort. Nehmen Sie hinter der Sitzgruppe die flache Brücke, die über den Fluss führt. Folgen Sie dem Weg und wählen Sie an der nächsten Verzweigung den mittleren Weg. Dieser macht einen Bogen und führt sukzessive nach oben. Dabei verläuft er an einem offenen ✿ Flächennaturdenkmal entlang.

Orchideenpracht bei Glattbach

Anders als Naturdenkmäler, die oftmals aus solitär stehenden Gehölzen bestehen, sind Flächennaturdenkmale eng verzahnte Biotope, die einen wertvollen Lebensraum für zahlreiche Arten bereithalten. Auch wenn Sie von den vielen selten Pflanzen wenig zu Gesicht bekommen, da solche Flächen nicht betreten werden sollten, finden Sie hier auf den Wiesen am Karl-Friedrich-Stein unter anderem wertvollen Orchideenarten, die besonders den Muschelkalk bevorzugen: Knabenkräuter, Händelwurz und sogar den einprägsamen Fliegen-Ragwurz.

Sie folgen dem Rhönpaulusweg weiter, das macht sich insbesondere an den vielen rostigen Erzähltafel bemerkbar, die Ihnen die Geschichte des Räubers näherbringen. An dem Parkplatz vor dem Wald sehen Sie rechts eine weitere überdachte ⛩ Sitzgruppe und eine gut gemachte Rhönräuber-Figur. In der geschnitzten Holzschatulle vor ihm auf dem Tisch finden sich immer mal ein paar Schätze und hin und wieder auch etwas Geld.

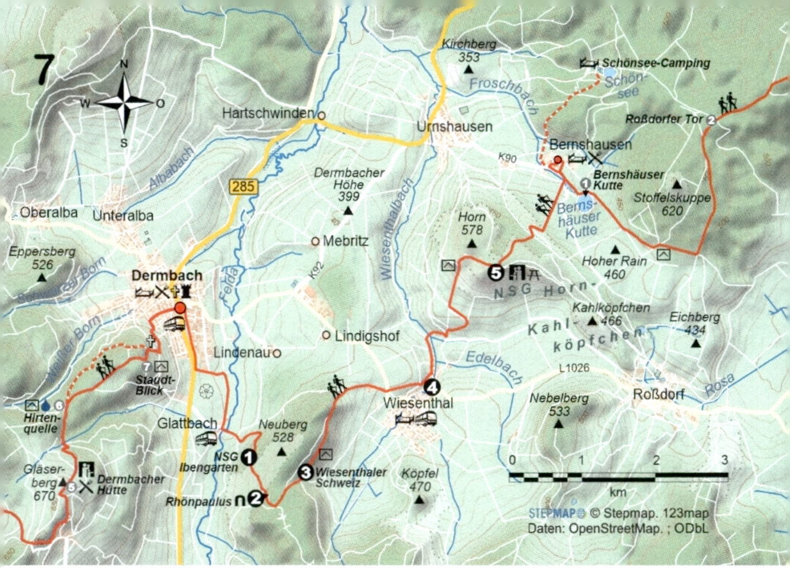

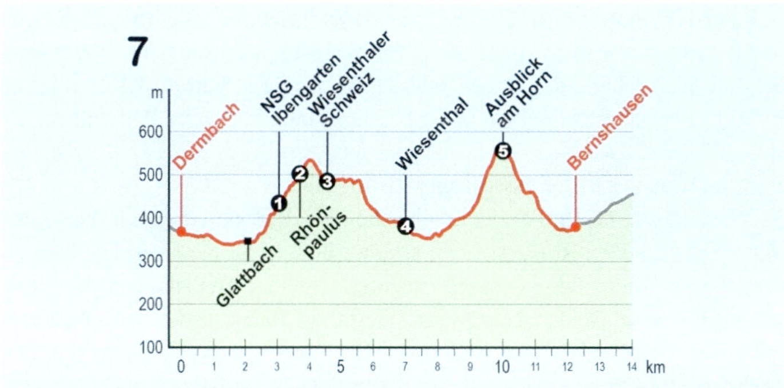

Sie betreten nun mit dem ❀ **Ibengarten ❶**, oder zu Hochdeutsch „Eibengarten", das älteste Naturschutzgebiet Thüringens und ein großes, national bedeutsames botanisches Highlight.

Der Wald ist gespickt mit Naturdenkmälern, allein über 50 Eiben haben das Alter von 500 Jahren weit überschritten. Die ältesten erreichen sogar knapp die 1.000 Jahre.

Vermutlich wurden die Eiben hier in dem Wald vor vielen Jahrhunderten vom Menschen ausgebracht und kultiviert. Die Bäume wachsen zwar sehr langsam, dafür ist das Holz äußerst biegsam. Durch die hohe Elastizität eignete es sich hervorragend für die Herstellung von gebogenen Möbeln oder Kriegswaffen wie den Armbrustbogen.

Sie passieren zahlreiche urwüchsige, teils gebrochene Eibenbäume. Weiter oben kommen Sie an einer überdachten ⊼ Sitzgelegenheit vorbei. Von dort aus ergibt sich die Gelegenheit zu einem kleinen Suchspiel, denn in der Umgebung sind einige Waldbewohner versteckt.

Folgen Sie dem breiten Forstweg immer weiter nach oben und passieren eine etwas versteckte ⊼ Bank des HOCHRHÖNERS®. Auf halber Höhe hoch zum Neuberg (528 m) gibt es ↳ einen kleinen, erdigen Stichweg zur **ehemaligen Höhle des Rhönpaulus ❷**. Zwar weisen die Tafeln den Weg, es wird von Ihnen aber etwas Sucharbeit abverlangt, da die Höhle inzwischen verschüttet ist. Nur ein wenig einfacher macht es da das Rätsel, das Ihnen gestellt wird, um die Höhle zu entdecken.

Rund 100 m nach dem Stichweg zur Höhle halten Sie sich links, auch wenn der Forstweg schon etwas zugwachsen und wenig begangen aussieht. Dieser führt Sie zum oberen Ende des Kessels mit der **Wiesenthaler Schweiz ❸**. Das flache Tal liegt in einem tollen Becken und gibt einen guten Blick über Wiesenthal.

Repräsentativ für die nördliche Rhön

Die Wiesenthaler Schweiz in der Kombination mit dem angrenzenden Wiesenthal und seiner Haufendorfstruktur ist ein schönes Beispiel für die ehemalige Lebensweise in der Rhön. Besonders die „Schweiz“ ist charakteristisch für die alten Hutungen – eine Weidenutzungsform, die in der Rhön zu den gut erhaltenen Kalkmager- und Trockenrasen geführt hat. Der Hang ist bestückt mit zahlreichen Wacholdersträuchern, Küchenschellen und zahlreiche Orchideenarten.

Gehen Sie am Waldrand entlang und passieren Sie die ⌂ Schutzhütte samt einem ✿ Naturdenkmal – einem massigen Baumstumpf. Von dem breiteren Weg führt kurz vor Waldeingang ein sehr schmaler und recht steiler Weg nach links. Über diesen gelangen Sie auf einen Parkplatz mit einer überdachten ⊼ Bank. Halten Sie sich weiter geradeaus und queren Sie die nächste Straße (L1026). Sie befinden sich nun oberhalb von **Wiesenthal ❹**, das vom HOCHRHÖNER® lediglich am Nordwestrand berührt wird.

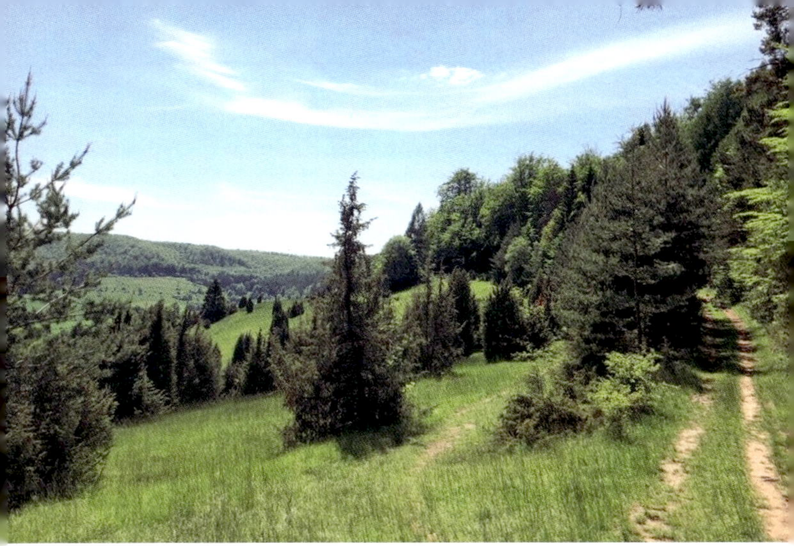

Die kalkige Wiesenthaler Schweiz ist mit ihren Wacholderhängen schön anzusehen

Wiesenthal

- **Ferienwohnung Zur Rhön Tischlerei**, Kohlgrube 1, 36466 Wiesenthal, 01 75/930 53 55, zur-rhoen-tischlerei@gmx.de, www.zur-rhoen-tischlerei.de, Ü ab € 86 für 4 Personen, Einzelübernachtungen auf Anfrage zu Mehrkosten möglich, € 15
- **Ferienhaus Pfarrgasse**, Pfarrgasse 5, 36466 Wiesenthal, 03 69 64/955 86, guenther.brita@gmail.com, Ü Preis auf Anfrage
- **Ferienwohnung Zum Köpfel**, Zum Köpfel 1, 36466 Wiesenthal, 3 69 64/819 75, 01 72/355 82 55, beagehb@web.de, Ü EZ/DZ ab € 75, MBZ ab € 85, keine Übernachtungen im Dez-Jan
- Ferienhaus Jung, Hammelsmarkt 12, 36466 Wiesenthal, 03 69 64/955 08, Ü EZ/DZ ab € 40, MBZ ab € 55, F auf Anfrage
- **Freibad Wiesenthal**, Kirchgraben, 36466 Wiesenthal, 13:00-20:00, Juni bis August
- Busverbindung nach Dermbach

Wiesenthal besitzt einen alten ⌘ Wehrfriedhof. Diese Art der Friedhöfe wurde früher an Orten errichtet, an denen die Bevölkerung keine Möglichkeiten hatte, sich in Burgen vor Bedrohungen zu schützen. Der Vorteil lag darin, dass

Friedhöfe genügend Platz boten und meist ohnehin eingefriedet wurden. Bei Wehrfriedhöfen wurden die Mauer verstärkt, oft Türme errichtet und manche wurden sogar mit Backhäusern versehen, um einer Belagerung standzuhalten. Da an dem Wehrfriedhof in Wiesenthal inzwischen aber nur noch ein Turm auf die Befestigung hindeutet, lohnt sich der Abstecher nicht unbedingt. Deutlicher wird die Befestigung eines solchen Friedhofs in Rasdorf in der nordwestlichen Rhön.

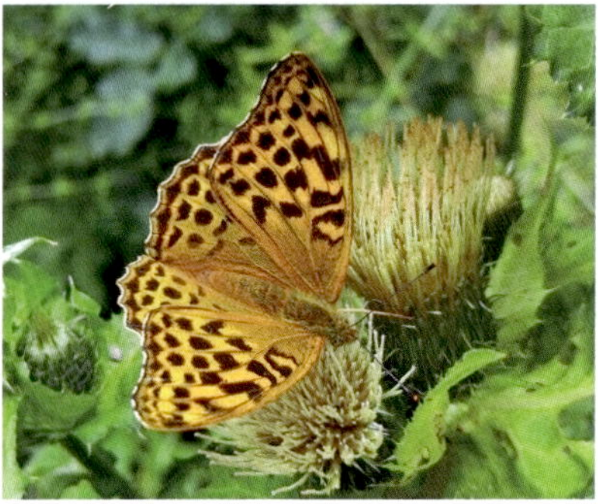

Kaisermantel am Wegesrand

Wiesenthal verlassen Sie über die Urnshäuser Straße in nördliche Richtung und biegen kurz nach dem Ortsausgang in die Straße Hornsmühle ab. Nach dem Bogen wandern Sie entlang einer locker stehenden Streuobstwiese. Die Markierung ist hier etwas im Apfelbaum versunken. Halten Sie sich an der Stelle, wo sich mehrere asphaltierte Wege kreuzen, links. Von dort aus wandern Sie wenig später eine schöne weite Wiese hoch Richtung **Horn** und passieren auf halber Höhe eine Schutzhütte mit gutem Blick über Wiesenthal. Vorbei an einem Schäferwagen sind die nächsten 700 m die steilsten der Tagesetappe. Oben ergibt sich ein toller **Ausblick am Horn ❺** (578 m) zurück in die Wiesenthaler Schweiz und auf den Wacholderhang. Über den Gipfel des Horns hinweg gelangen Sie unten in eine offene Mulde, ehe Sie noch einmal ein kleines Waldstück passieren und einen langen, geraden Wiesenweg auf Bernshausen zugehen. Über den Rosatal-Radweg hinweg erahnen Sie schon zwischen den Sträuchern und Bäumen die **Bernshäuser Kutte**. Statt dem Weg rechts zu folgen, biegen Sie links in das Örtchen **Bernshausen** mit seinen knapp 120 Einwohnerinnen und Einwohnern ein. Hier endet Ihre Etappe in dem **Landgasthof Zur Grünen Kutte**.

Bernshausen

Landhotel Zur Grünen Kutte, Bernshausen 9, 36466 Bernshausen,
03 69 64/823 46, info@gruene-kutte.de, www.gruene-kutte.de,
ÜF EZ ab € 80, DZ ab € 110, MBZ ab € 100, € 15, Fr-Mi 18:00-22:00,
Sa, So 11:30-14:00. Das Restaurant ist ausgezeichnet mit 3 Silberdisteln.

Freizeithotel Rhön Feeling, Bernshausen 29, 36466 Bernshausen, ☏ 03 69 64/825 23, ÜF EZ ab € 72, DZ ab € 92, € 12

Wie viele Orte in der Rhön musste auch **Bernshausen** mit vielen Herrschaften vorliebnehmen. So gehörte es zum nahe gelegenen Kloster Zella, zwischendurch zum Kloster Fulda und auch das entfernte Kloster Kreuzberg hatte einen Mitbesitz. Heute lebt es sich in dem 120-Seelen-Dorf deutlich ruhiger, denn der Ort befindet sich in einer Sackgasse, wodurch er per Auto nur von Urnshausen aus erreichbar ist. Daher ist Bernshausen besonderes als Urlaubsort geschätzt – zahlreiche schöne Wanderungen und die beiden Erdfallseen locken in den warmen Monaten Naturliebende an.

Zum bewaldeten Badeort Schönsee führt die westlichste Straße in Richtung Norden. Gehen Sie an der Feuerwehr in Bernshausen vorbei und folgen Sie für 1,7 km dem anschließenden Weg.

Schönsee-Camping, 36457 Urnshausen, 01 74/300 62 99, info@schoensee-camping.de, www.schönsee-camping.de, Bungalow ab € 50 für 6 Personen

Die schöne Grüne Kutte ist das heutige Etappenziel

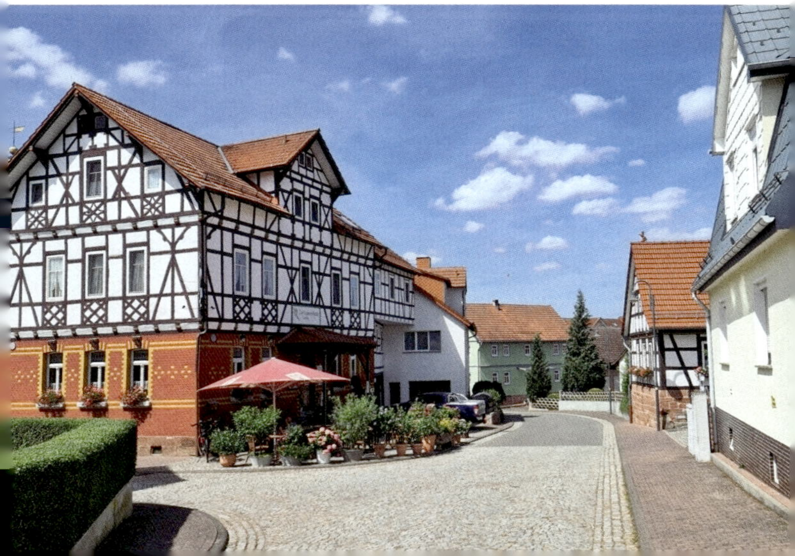

Etappe 8: Von Bernshausen nach Bad Salzungen

17,3 km, 5 Std., ↑ 457 m, ↓ 325 m, ⇧ 254-647 m

0,0 km	⇧ 384 m	Bernhausen
0,4 km	⇧ 401 m	Bernshäuser Kutte
6,1 km	⇧ 645 m	Pleß
7,4 km	⇧ 538 m	Ruine Pleßhaus
11,9 km	⇧ 341 m	Rastplatz am Teich
17,3 km	⇧ 254 m	Bad Salzungen BANK

Mit großem Wehmut steht der letzte Wandertag bevor. Dass Sie hier in den Ausläufern der Rhön sind und diese allmählich in den Thüringer Wald übergeht, ist an dem nadeldominierten Waldreichtum zu erkennen. Die meiste Zeit verläuft die Wanderung überwiegend auf Forstwegen – offene Landschaften mit Weitsichten gibt es kaum noch. Einen letzten richtigen Aufstieg haben Sie gleich zu Beginn hoch zum Pleß mit dem Aussichtsturm und der bewegten Geschichte vor sich. Danach folgt eine lange und ausgedehnte Waldwanderung im Tal des Polsambaches zwischen den letzten Bergen der Rhön. Mit viel Glück begegnen Sie den gesamten Tag über niemandem und sehen das nächste freundliche Gesicht erst wieder, wenn Sie sich dem Kurort Bad Salzungen nähern.

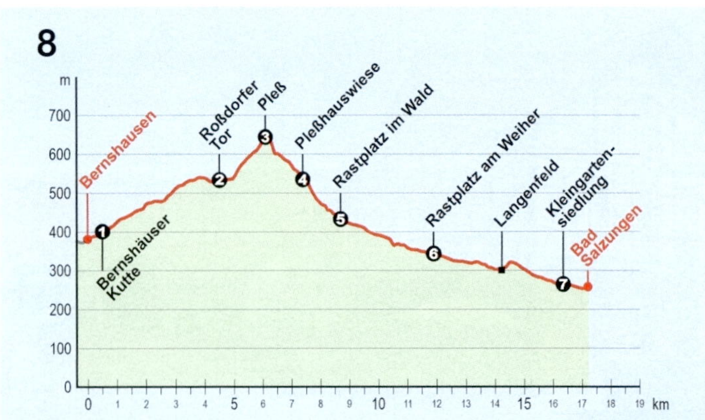

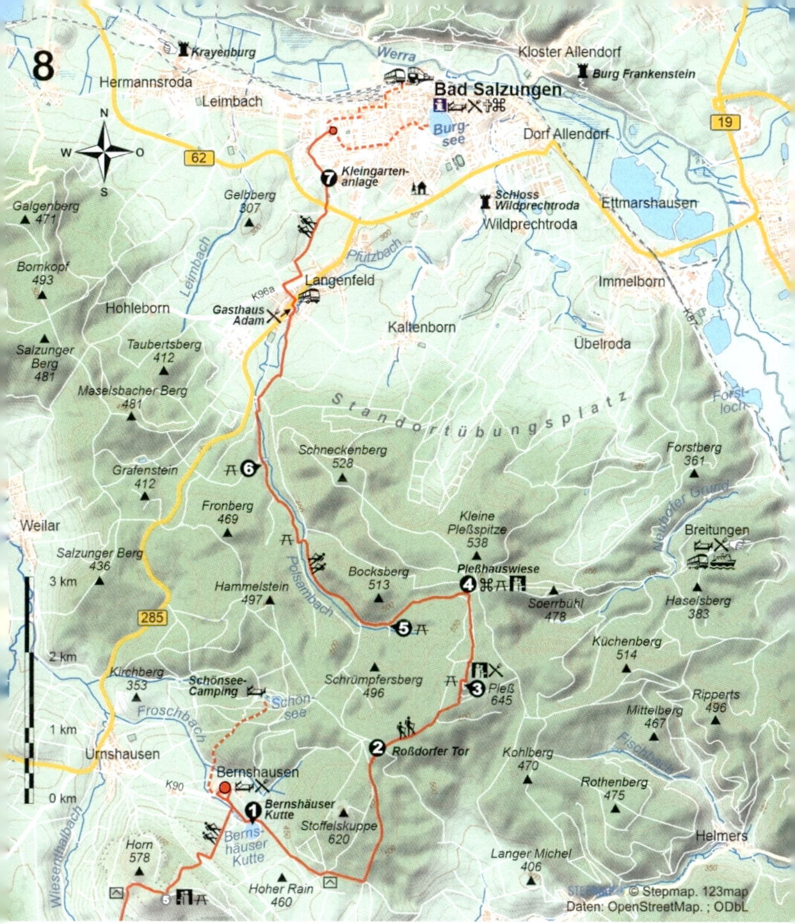

Verlassen Sie Bernshausen in Richtung der idyllischen **Bernshäuser Kutte ❶** und gehen links von dem See den Wiesenpfad an der Weide hoch.

Bernhäuser Kutte

Entstanden ist der größte natürliche See der Rhön durch einen Erdeinsturz. Durch diese Entstehung hat er keinerlei Zu- und Abflüsse. Zwar baden die Bernshäuserinnen und Bernshäuser gerne in dem Gewässer, es ist aufgrund der fehlenden Zu- und Abflüsse aber eigentlich verboten. Ursächlich dafür ist das sensible

Ökosystem, das bei einem Nährstoffeintrag zu einem raschen Kippen des Sees beitragen kann. Der 1,6 km entfernte Schönsee ist zwar ebenfalls ein Erdfallsee, offiziell aber zum Baden freigegeben.

Oberhalb des Sees gelangen Sie auf einen breiten Wirtschaftsweg, dem Sie 600 m folgen, danach gehen Sie halb links auf den Wiesenweg über. An der nächsten T-Kreuzung macht der Weg eine leichte Biegung und Sie folgen dieser nach links hinauf und gehen an der großen Wegekreuzung direkt rechts. Bleiben Sie weiter am Waldrand und passieren Sie den kleinen Unterstand.

Die Sage von der Stoffelskuppe

Die Stoffelskuppe besteht aus einem basaltenen Meer und einigen hohen Felsen und sie kann nur durch Dickicht erreicht werden. Es bestehen zu dem Berg mehrere Geschichten. So soll ein Kuppenfrauchen in den steil emporragenden Felsen wohnen, die Wandernde grüßt. Eines Tages winkte sie einen Hirten heran, der in den Felsen zahllose Fässer Gold vorfand und sich etwas einstecken durfte. Auf offener Flur wieder angekommen fand er jedoch nichts als Erbsen in seinen Taschen, die er frustriert auf den Boden warf. Zu Hause angelangt hatten sich einige dieser Erbsen im Futter seiner Kleidung verfangen und als er sie rausholte, waren sie wieder Gold. Wie vom Blitz getroffen rannte er wieder zurück, fand aber nichts als goldene Pilze auf dem Boden.

400 m nach dem Unterstand steigen Sie bei der nächsten Möglichkeit linker Hand auf dem breiten Forstweg in den Wald ein. In diesem wandern Sie 1,4 km hinauf. Hier ist die Markierung nicht ganz eindeutig. Zahlreiche umgestürzte Bäume erschweren die Wegsuche und zeitgleich ist der Untergrund total aufgewühlt. Zunächst müssen Sie Ihren Forstweg nach links zugunsten eines kleinen, parallel verlaufenden Pfades zwischen den Bäumen verlassen. Anschließend kreuzen Sie Ihren ehemaligen Forstweg wieder und biegen in den gegenüberliegenden Trampelpfad ein. Sie können sich zwar auf diesem Weg kaum verlaufen, müssen aber einige Unwegsamkeit in Kauf nehmen. So versperren Bäume und Gestrüpp den Weg, weshalb Sie immer wieder in den nassen Wiesengrund ausweichen müssen. Wenig später passieren Sie das **Roßdorfer Tor ❷**. Ab hier verläuft der Weg wieder auf gemäßigtem Boden. Nach 950 schlecht markierten Metern wandern Sie an einer Wegegabelung rechts auf dem breiten Forstweg weiter und biegen schließlich in den steilen Waldweg nach links ein. Sie kommen auf einem Plattenweg raus und wandern links hoch zur Kuppe des **Pleß ❸** (645 m).

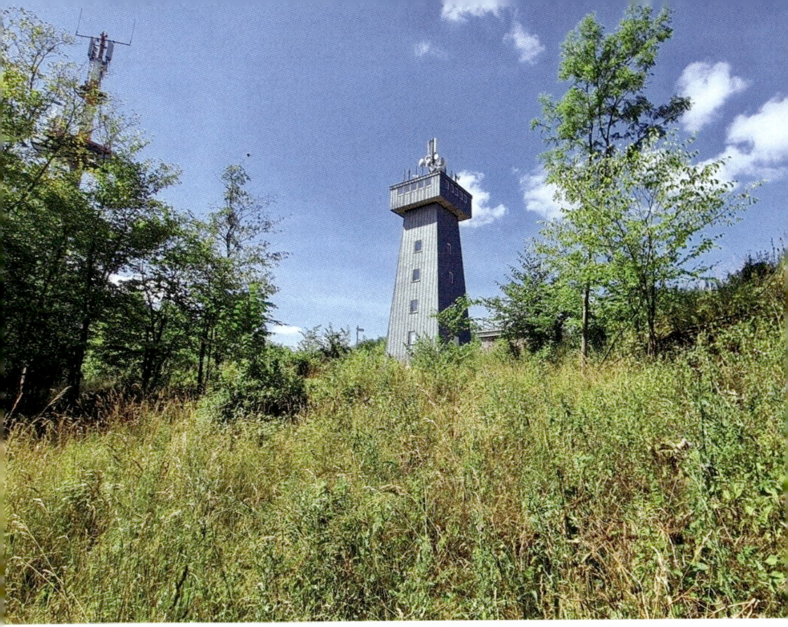

Der Pleßturm ist der höchste Punkt dieser Etappe

Eine Landwehr durchteilt die nördliche Rhön

Das Roßdorfer Tor war ein früherer Durchlass im hennebergischen Landwehr, der den Zugang zur Hohen Rhön begrenzte. Der Verkehr wurde aber nicht etwa von einem Holzzaun auf die wenigen Durchgangspassagen begrenzt, sondern durch mehrere hintereinanderliegende Gräben, die teils mit undurchdringlichen Hecken verstärkt wurden. Die Kutschen wurden also so geleitet, dass sie an der 60 km langen Grenze die offenen Punkte passieren mussten.

Der ehemalige Radarturm der DDR auf dem Pleß wird heute als ⌘ Aussichtsturm genutzt. Durch die nördliche Lage haben Sie die Möglichkeit, die Rhön aus einer ganz neuen Perspektive wahrzunehmen (Öffnungszeiten ☞ Wanderhütte). Auf dem Gelände findet sich zudem eine ✕ Wanderhütte des Rhönklubs, die wochenends einfache Speisen und Getränke serviert.

✕ **Wanderhütte Rhönklub**, N 50° 44.40' E 010°14.30', Sa 13:00-17:00, So 10:00-17:00 (Okt-März nur 10:00-16:00). Zu diesen Zeiten kann auch der Aussichtsturm begangen werden.

Ein altes Jagddenkmal, der Sachsenstein, erinnert an den tödlichen Jagdunfall eines jungen Jägers vor rund 300 Jahren. Dieser ereignete sich allerdings nicht hier, sondern ein paar Kilometer weiter, denn der Stein wurde umgesetzt. Es soll sich ein Schuss aus der Büchse eines anderen Jägers gelöst haben, wodurch der 22-Jährige zu Tode kam. Schnell kamen jedoch Gerüchte auf, dass es sich um einen heimtückischen Mord handelte, da die betroffenen Jäger in herzogliche Intrigen verwickelt waren. Ein bisschen unwohl wird einem jedoch bei der rückseitigen Inschrift: „Siehe da. Eilfertiger Wanders Mann. Eine Mercuriale Säule an einem ungewohnten Ort. Sie zeiget dir etwas Unglückliches an. Und kann doch den besten Weg lehren. Flieh! Hier ist der Tod! Doch halt! Dieweil Du anderswo vielleicht wirst sterben. So lerne erst allhier leben. Ach, wohin Du willst. Der Todt kommt Dir doch entgegen und vielleicht trägst Du ihn jetzt bei dir selbst. Das was Dich beschützen sollt nimmt dir das Leben."

Im Nordosten des Pleßplateaus führt ein schmaler Pfad wieder vom Berg abwärts. Ab hier wird der Weg richtig attraktiv. Eine Vielzahl kleiner, erdiger Wege windet sich nach unten durch niedrige, aber dicht stehende Vegetation.

Nach 1,2 km gelangen Sie zum ⌘ ⚻ **Pleßhaus an den Pleßhauswiesen** ❹, einem ehemals fürstlichen Jagdsitz, der inzwischen aber verfällt und mit einem Blechdach vor weiterer Verwitterung geschützt wird. An der angrenzenden ⚻ Bank besteht die Chance, ein letztes Mal den weiten Blick ins Land zu genießen, ehe es weiter nach Bad Salzungen geht. Also noch einmal tief Luft holen.

↳ Vom Pleßhaus gelangen Sie auch ins 7,5 km entfernte **Breitungen**, dazu müssen Sie zunächst rechts der Pleßhausstraße folgen. Der Weg führt dann weiter durch den Wald. Die Markierung mit dem hellgrünen offenen Dreieck unterstützt Sie dabei, sicheren Fußes nach Breitungen zu gelangen

Verlassen Sie hier nicht zu weit die Wege, nördlich von Ihnen befindet sich ein militärisches Sperrgebiet, das mitunter dafür sorgt, dass diese Gegend sehr menschenverlassen ist.

Der HOCHRHÖNER® verläuft die nächsten 3 km über angenehme Wanderwege durch den dichten, ruhigen Wald. Hin und wieder hören Sie das krachende Kreischen der Eichelhäher oder das murmelnd-knirschende Zwitschern der Mönchsgrasmücke. Kurzum, der Weg ist sehr meditativ. Verhalten Sie sich leise, stehen die Chancen hoch, auch auf Wild zu stoßen.

An einer großzügigen Ausbuchtung im Anschluss an einen dunklen Waldweg passieren Sie einen schönen Punkt zum ⩩ **Rasten ❺**. Anschließend führt Sie ein äußerst breiter Waldweg weiter herunter.

Nach den 3 km gelangen Sie auf eine lang gezogene Lichtung und queren nun die flache Talmulde des Polsambaches. Oben auf der anderen Seite (hier ⩩) gehen Sie rechts weiter. Bis zum Ende des Waldes bleiben Sie auf dieser Lichtung. Nach 1,3 km passieren Sie einen kleinen Weiher samt einer **steinernen Hütte ❻** und einer ⩩ Sitzgelegenheit. Anschließend wandern Sie 700 m weiter, ehe nach rechts ein hölzerner Steg über den Graben führt und der Weg sich durch den dichten Wald schlängelt. Sie biegen nach links ab und überqueren einen Wanderparkplatz samt überdachter ⩩ Bank. Halten Sie sich dort rechts am Waldrand, nehmen Sie aber anschließend nicht die Kurve mit, sondern biegen nach den landwirtschaftlichen Gebäuden links in den Weg ein. Über einen Hohlweg und später über einen Wirtschaftsweg werden Sie in den 800 m entfernten Stadtteil Langenfeld geführt.

✕ **Gasthaus Adam**, Kirchgasse 2, 36433 Langenfeld, ☏ 036 95/62 40 94, ✉ adimoadam@web.de, 💻 www.gasthof-adam.de, 🚪 Do-Mo ab 10:00

Nehmen Sie in Langenfeld die Kurve der Borngasse mit, auf der Sie sich bereits befinden, biegen Sie rechts in die Hauptstraße ein (hier 🚌 nach Dermbach und Bad Salzungen), danach links in die Straße Höhbaum und laufen Sie weiter, bis landwirtschaftliche Felder zu sehen sind. Kurz vor den letzten Häusern gehen Sie rechts und 300 m später an einer ⩩ Bank links auf einen Feldweg über. An der nächsten T-Kreuzung biegen Sie rechts ab, folgen dem Gras verwachsenen Weg und unterqueren die anknüpfende Bundesstraße über asphaltierten Untergrund. Von hier aus müssen Sie nur noch den geschotterten Weg 1,2 km durch eine **Kleingartensiedlung ❼** in einer ausladenden Kurve folgen und am Ende einen Fußgängerweg nach oben nehmen. Schon können Sie auf der letzten langen Geraden das Wanderportal des HOCHRHÖNERS® sehen. Nun haben Sie es geschafft. Sie sind nach rund 136 km und acht schönen sowie abwechslungsreichen Wandertagen in **Bad Salzungen** angekommen.

☺ Da der Kurort gerade um den innerstädtischen ♜ Burgsee viel zu bieten hat, lohnt sich auch ein Extraaufenthalt, um gemütlich am nächsten Tag den Zug nach Hause zu nehmen.

Für den einfachsten Weg zum Bahnhof biegen Sie links in die Otto-Grotewohl-Straße ein und gehen die nächstmögliche Straße (Untere Beete) nach rechts. Am Ende der Straße halten Sie sich links auf die Clara-Zetkin-Straße und unten nach rechts auf die große Leimbacher Straße. 350 m weiter biegen Sie links in die Bahnhofstraße und folgen im unteren Kreisel der ersten Straße rechts hinaus. Wenig später stehen Sie vor dem Bahnhofsgebäude.

Die Altstadt ist vom Wanderportal in 1,6 km erreichbar. Dazu halten Sie sich erst rechts auf die Otto-Grotewohl-Straße und gehen so lange weiter, bis diese in die Langenfelder Straße mündet. Dort gehen Sie links. Ganz unten am Kreisel nehmen Sie die erste Straße (Erzberger Allee) rechts und gehen direkt links in die Burgseestraße. Von dort können Sie gemütlich den Burgsee umrunden und sind in der Altstadt angekommen.

Bad Salzungen

Tourist-Information, Am Flößrasen 1, 36433 Bad Salzungen, 036 95/69 34 20, willkommen@badsalzungen.de, www.tourismus-badsalzungen.de, täglich 10:00-17:00

Kartoffelkäfer, Silge 11, 36433 Bad Salzungen, 036 95/60 62 04, kontakt@kartoffelkaefer.net, www.kartoffelkaefer.net, ÜF EZ ab € 59, DZ ab € 78, täglich 11:00-14:30 und 17:00-22:00

Hotel Solewerk, Bahnhofstraße 21, 36433 Bad Salzungen, 036 95/639 36 46, salzungen@solewerk.de, www.solewerk.de, Ü EZ ab € 75, DZ ab € 95, MBZ ab € 115, F € 10,90, € 10

♦ **Haus Hufeland**, Sulzberger Straße 11-13, 36433 Bad Salzungen, 036 95/65 30 00, hotel.hufeland@asklepios.com, www.haushufeland-badsalzungen.de, Ü EZ ab € 60, DZ ab € 85, MBZ ab € 100, F € 14,50, € 15

♦ **Pension Morgenweck,** Wuckestraße 8, 36433 Bad Salzungen, 036 95/554 60, info@Pension-Morgenweck.de, www.pension-morgenweck.de, Ü EZ ab € 49, DZ ab € 68, F € 6,50

♦ **Haus Elisabeth**, Kurhausstraße 5, 36433 Bad Salzungen, 036 95/ 82 84 25, info@fewo-badsalzungen.de, www.fewo-badsalzungen.de, Ü EZ ab € 55, DZ ab € 59, € 10

Jugendherberge, Kaltenborner Straße 70, 36433 Bad Salzungen, 036 95/62 22 08, bad-salzungen@jugendherberge.de, www.jugendherberge.de, ÜF ab € 25,50, täglich 7:00-12:00 und 14:00-20:00

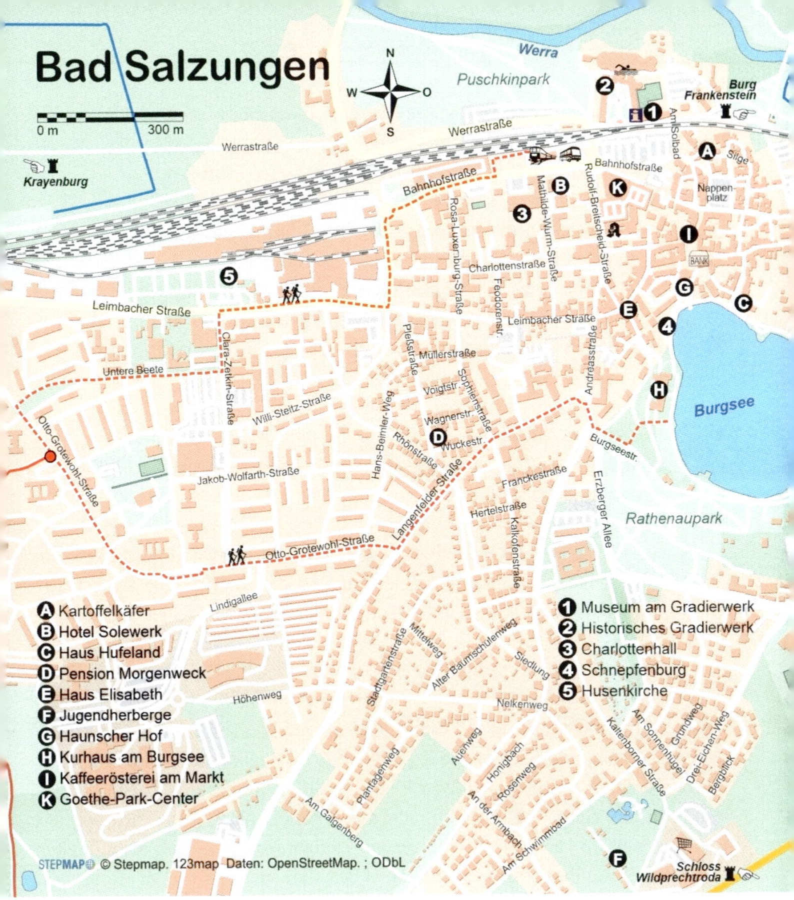

Haunscher Hof, Unter den Linden 4, 36433 Bad Salzungen, ☏ 036 95/850 54 20, Mo-Di und Do-Sa 12:00-22:00, So 11:00-21:00, ☺ Restaurant in einem der ältesten Gebäude Bad Salzungens

Kurhaus am Burgsee, Burgseestraße 12, 36433 Bad Salzungen, ☏ 036 95/65 20 90, kontakt@kur.haus, www.kur.haus, Di-Fr 12:00-22:00, Sa 11:30-22:00, So 11:30-17:00

Kaffeerösterei am Markt, Pestalozzistraße 1, 36433 Bad Salzungen, ☏ 036 95/852 72 40, info@kaffeeroesterei-markt2.de, www.kaffeeroesterei-markt2.de, täglich 9:00-18:00

☺ Die Auswahl an Unterkünften und Restaurants ist gerade in der Altstadt ausgesprochen groß. Weitere Infos unter www.tourismus-badsalzungen.de

Goethe-Park-Center, Bahnhofstraße 9-11, 36433 Bad Salzungen, Mo-Fr 8:00-20:00, Sa 8:00-18:00

Apotheke am Goethepark, Kickelhahnsecke 5, 36433 Bad Salzungen, ☏ 036 95/87 07 05, Mo-Fr 8:00-18:00, Sa 9:00-13:00

Solewelt, Am Flößrasen 1, 36433 Bad Salzungen, ☏ 036 95/693 40, info@solewelt.de, www.solewelt.de, täglich 11:00-21:00

⌘ **Museum am Gradierwerk**, An den Gradierhäusern 4, 36433 Bad Salzungen, ☏ 036 95/69 34 71, museum@badsalzungen.de, www.museum-badsalzungen.de, täglich 10:00-17:00

♦ **Historisches Gradierwerk**, An den Gradiergärten, 36433 Bad Salzungen, ☏ 036 95/693 40, www.gradierwerk-badsalzungen.de, täglich 8:00-20:00

Anbindung an Regionalverkehr

Bereits die Keltinnen und Kelten siedelten im heutigen Bad Salzungen (ca. 23.000 Einwohnerinnen und Einwohner), um aus dem solehaltigen Wasser Salz zu schöpfen. Aus den städtischen Quellen sprudelt Wasser mit einer Solekonzentration von bis zu 27 Prozent. Das reichhaltige Salzvorkommen brachte der Stadt den Namen und in den letzten Jahrhunderten vor allem viel Wohlstand ein. Zum florierenden Höhepunkt der Siedeaktivitäten gab es in Bad Salzungen 24 Gradierwerke. Mit der Entdeckung der heilenden Wirkung von solehaltiger Luft für die Atemwege blühte Bad Salzungen als Kurbetrieb zu Beginn des 19. Jahrhunderts weiter auf. Der Bau vieler mondäner Villen begann. Eines der schönsten Gebäude der Stadt aus dieser Zeit ist die prachtvolle **Charlottenhall**. Die Beliebtheit des Kurortes hielt im Laufe der nachfolgenden Jahrhunderte an. Nach dem Zweiten Weltkrieg wurde Bad Salzungen zu einem der führenden Kurorte für Atemwegserkrankungen und erfreut sich auch heute an einer weiterhin hohen Zahl an Kurgästen. Begünstigt wird der Stellenwert sicher auch durch die idyllische Anlage des Burgsees, der mit vielen historischen Gebäuden gesäumt ist.

Die Stadt hat viele denkmalgeschützte und sehenswerte Fachwerkbauten vorzuweisen, so z. B. der **Haunscher Hof** südlich des Marktplatzes. Immer wieder sind auch Ruinen der Stadtbefestigung oder auch der **Schnepfenburg** nahe dem Burgsee auszumachen. Es bietet sich also an, Bad Salzungen bei einem Spaziergang zu erkunden. Von der Schnepfenburg, die ihren Namen von den Wasservögeln auf dem angrenzenden Burgsee hat, sind nur noch vereinzelte Grundmauern sichtbar.

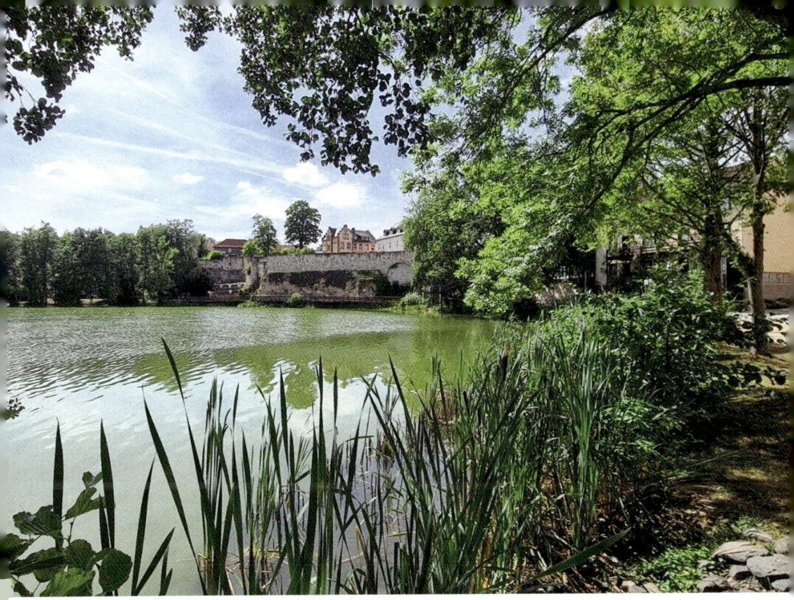

Der Burgsee im Herzen Bad Salzungens ist sehr sehenswert

Nach einem Brand Ende des 18. Jahrhunderts mussten weite Teile abgebrochen werden. Auf diesem Fundament befindet sich heute die ✞ Stadtkirche und das Amtsgericht.

Unterhalb der Altstadt, direkt hinter dem Bahnhof, grenzt der Kurpark mit ⌘ historischem Gradierwerk, ⌘ Museum sowie passendem Solebad an. Dieser Komplex bietet einen gelungenen und erholsamen Abschluss an die lange Wanderung.

Einer der ältesten Kirchenbauten der Region liegt mit der ✞ **Husenkirche** an der Leimbacher Straße. Zwar sind nur noch Ruinen erhalten, da sie im Zweiten Weltkrieg stark beschädigt wurde, sie ist jedoch geschichtlich äußerst spannend. Martin Luthers Eltern sollen hier geheiratet haben. Weil seine Mutter aber bereits schwanger war, musste die Trauung im Eingangsportal der Kirche vollzogen werden.

Auch liegen mit der Burg Frankenstein, der Krayenburg und dem Schloss Wildprechtroda drei sehenswerte Anlagen im Stadtgebiet, allerdings außerhalb der Altstadt. Die Burg Frankenstein muss jedoch als Kunstruine bezeichnet werden, da die ursprünglich im Jahr 600 gebaute Burg zerfallen und im 19. Jahrhundert als Ruine wieder aufgebaut wurde.

Variante Lange Rhön

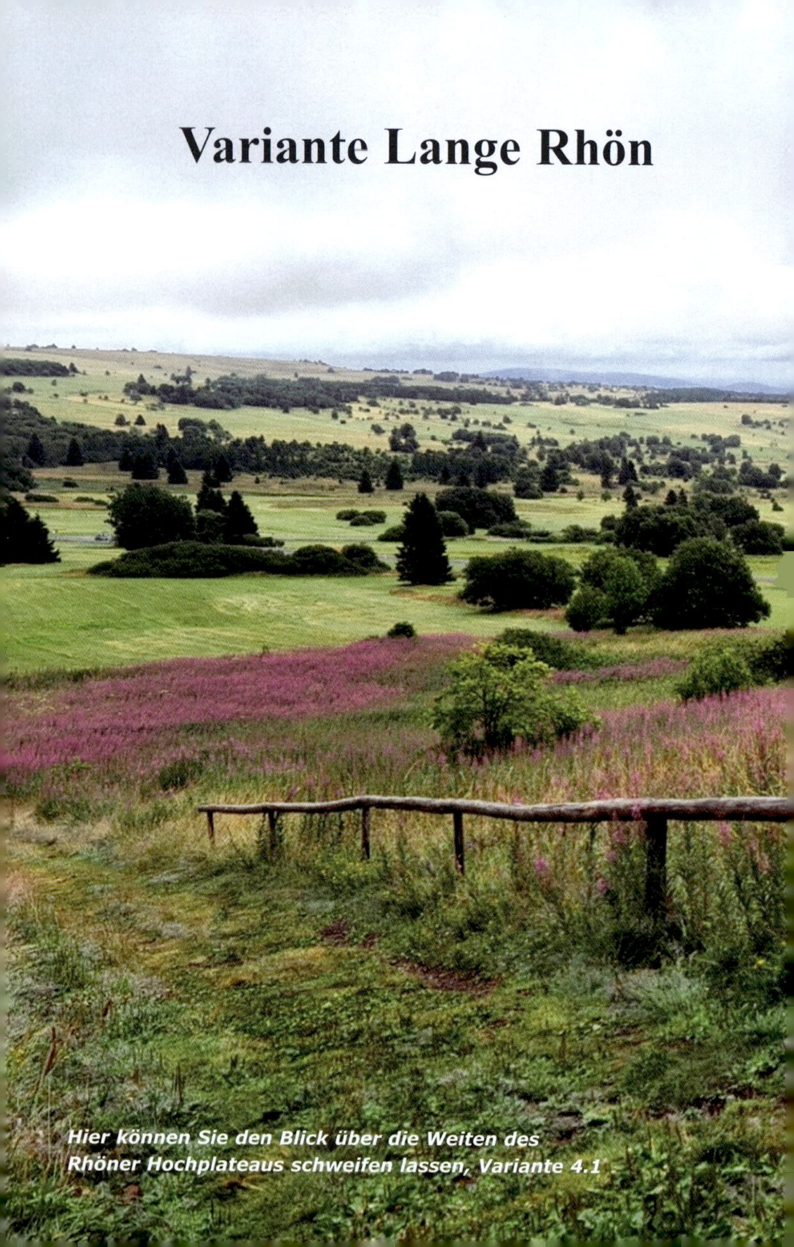

Hier können Sie den Blick über die Weiten des Rhöner Hochplateaus schweifen lassen, Variante 4.1

Variante Lange Rhön, Etappe 3.1: Vom Kloster Kreuzberg zum Holzberghof

18,1 km, 6 Std., ↑ 618 m, ↓ 722 m, ⇧ 596-914 m

0,0 km	⇧ 871 m	Kloster Kreuzberg
3,1 km	⇧ 712 m	Abzweig Osterburg
4,7 km	⇧ 606 m	Oberweißenbrunn
8,3 km	⇧ 815 m	Würzburger Bergbund-Hütte
14,2 km	⇧ 852 m	Abzweig HOCHRHÖNER®-Variante Lange Rhön
15,1 km	⇧ 912 m	Stichweg zum Schloss Holzberghof
18,1 km	⇧ 772 m	Holzberghof

Die gesamte Wanderung verläuft auf einer Höhe zwischen knapp 600 und knapp 1.000 m! Vergessen Sie nicht die Sonnencreme, denn es geht über die offenen Kuppen der Hochrhön, das Herzstück der Wanderung. Sobald Sie Oberweißenbrunn hinter sich gelassen haben, kommen Sie auf eine Bergwiese mit Panoramablick, die ihresgleichen sucht. Über den Rockenstein arbeiten Sie sich langsam, aber stetig den Teufelsberg hoch bis zum Himmeldunkberg. Mit dem Besuch der Würzburger Bergbund-Hütte weichen wir ein wenig vom Originalwanderweg ab.

An der Hütte gibt es die Möglichkeit, zu rasten, kurz durchzuatmen und die mitgebrachte Vesper auszupacken. Der Weg führt weiter über die Hohe Hölle und ist wegen der wunderbaren Aussicht empfehlenswert, auf die Sie nicht verzichten sollten. Nach dem Abstieg verläuft der Weg durch den kühlenden Wald, ehe Sie kurz vor dem Heidelstein den Stichweg zum 400 Jahre alten Jagdschloss Holzberghof nehmen, wo Sie heute wunderbar einkehren und übernachten können.

Die ersten 14,2 km verlaufen identisch zu der Variante der Kuppenrhön (☞ Seite 66). An der **Sitzgruppe kurz vor dem Roten Moor teilt sich der HOCHRHÖNER® in die Varianten Kuppenrhön und Lange Rhön ❹**. Der Weg der Variante Lange Rhön verläuft hier nach rechts.

Sie können aber auch die Chance nutzen und einen Abstecher in das 300 m entfernte Haus am **Roten Moor** machen. Der Rundweg um das anschließende ⌘ Moor würde mit 2,8 km eine gute Stunde beanspruchen (mit Einkehr im Haus am Roten Moor etwas länger). Sollten Sie sich dafür entscheiden, folgen Sie der Markierung des HOCHRHÖNERS® an der Sitzgruppe nach links. Der Bohlenpfad führt Sie sicher durch das Moor. Sobald der Pfad endet, gehen Sie aus dem Moor und biegen zweimal nach links ab. Dann kommen Sie erneut zu dem Haus am Roten Moor und ein wenig später zu dem Abzweig der beiden Wanderwege.

Das ✕ ☕⌘ **Haus am Roten Moor** ist ein NABU-Informationszentrum mit Moorausstellung sowie Gastwirtschaft in einem. Hier wird Ihnen die reichhaltige Welt rund um das angrenzende Moor nähergebracht und ein paar lokale Speisen angeboten. Bestellenswert sind Rhöner Lammbratwurst, Spinat-Spatzenklöße mit Käsesoße und eine kleine Auswahl an Rhöner Ploatz.

✕ ☕ ⌘ **Haus am Roten Moor**, Wanderparkplatz Moordorf, 36129 Gersfeld,
☎ 064 41/67 90 40, ✉ info@NABU-Hausamrotenmoor.de,
💻 www.nabuhausamrotenmoor.de, 🚪 Mi-So 11:00-18:00

Sind Sie an der ⛼ Sitzgruppe nach rechts abgebogen, folgen Sie dem Weg aus dem Wald heraus. Sie gelangen über eine schöne Bergwiese an eine T-Kreuzung mit einer ⛼ Bank.

Blick vom Heidelstein ins Rhöner Land

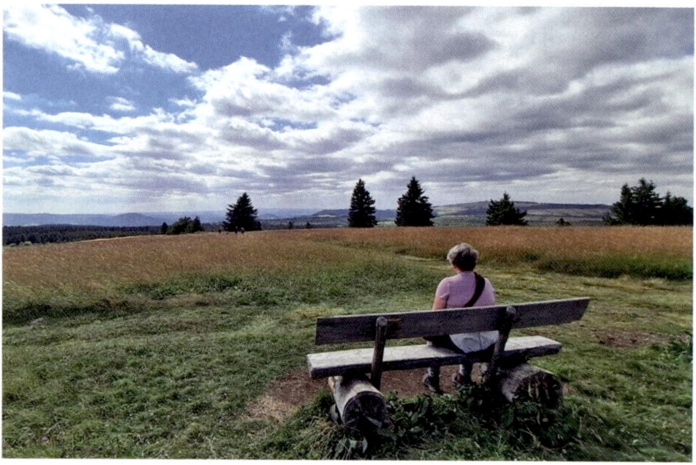

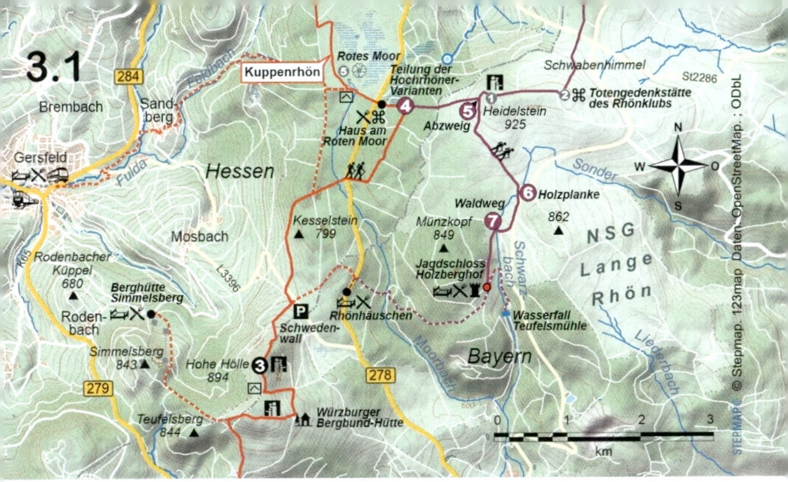

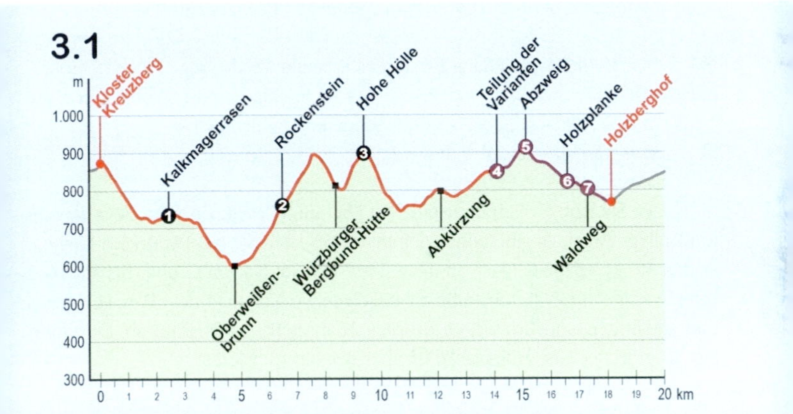

An dem Sendemast des **Heidelsteins** (925 m) wandern Sie die Bergwiese rechts hinab und verlassen an diesem **Abzweig** ❺ für die nächsten 3 km den HOCHRHÖNER®, um zu Ihrem heutigen Etappenende, dem **Jagdschloss Holzberghof,** zu gelangen.

Im Winter besteht hier die Gefahr, dass Eisbrocken vom Sendemast fallen. Halten Sie genügend Abstand.

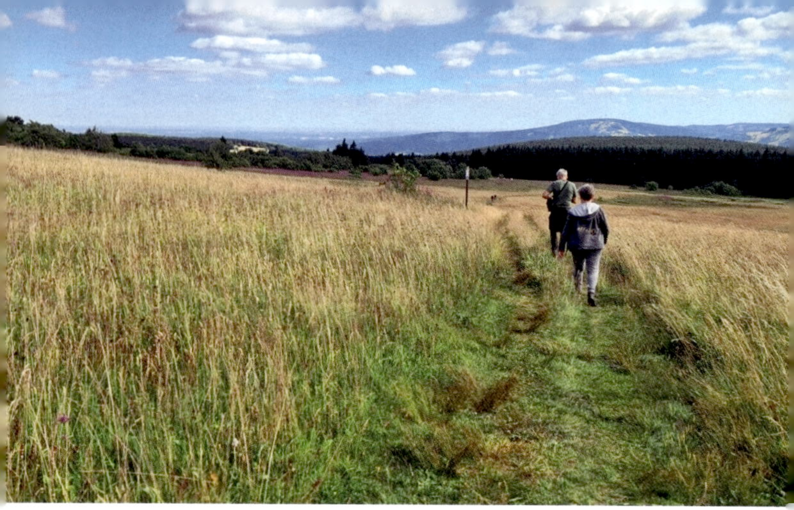

Vom Heidelstein geht es runter zum Jagdschloss Holzberghof

Am Heidelstein entlang führte der Premiumwanderweg „Hochrhöntour". Entscheiden Sie sich für eine zweite Nacht im Jagdschloss, können Sie auf 14,8 km diese einfache, aber schöne Wanderung mitnehmen.

www.wanderinstitut.de

Folgen Sie dem ausgetrampelten Pfad über die Wiesen. Zwar ist dies ein recht weitläufiges Areal, es gibt jedoch nur einen Weg, den Sie nicht verfehlen können. Halten Sie sich dabei einfach an die weiße Neun auf blauem Grund. Bei km 16,4 kommen Sie der Hochrhönstraße nahe. Folgen Sie hier nicht dem Weg geradeaus über die Straße, sondern biegen Sie etwa 20 m vorher nach rechts ab. Dort führt Sie 30 m weiter eine **Holzplanke ❻** über den nassen Morast.

Die Wiese hat teilweise einen sumpfigen Charakter, gerade in feuchten Jahreszeiten oder nach Regen saugt sich der Boden voll. Es lohnt sich daher, auf wasserfestes Schuhwerk zu setzen, da der Wiesenweg nicht durchgängig mit den Planken ausgelegt ist.

Folgen Sie dem Pfad durch die hohen Gräser. Besonders schön ist der viele Schachtelhalm anzusehen, der in dieser Menge die Umgebung weichzeichnet. Der Pfad führt Sie bald auf einen geschotterten Weg und wenig später an eine Wegegabelung, an der Sie dem linken Weg am Waldrand entlang folgen.

Der 700 m lange Weg verläuft dann zunächst durch den Wald ❼ und wenig später an einer Herde Hochlandrinder vorbei. An den kläffenden, aber eingezäunten Hunden erkennen Sie, dass Sie dem Jagdschloss näher kommen. Kurz darauf können Sie das eigentliche Schloss bereits erahnen. Sobald Sie an der Vorderseite des langen Komplexes angelangt sind, können Sie über einen ausgetrampelten Pfad runter zum Eingang des Holzberghofes gehen.

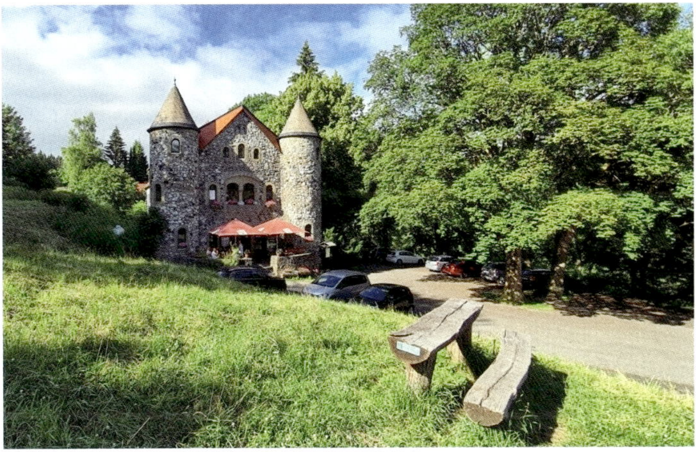

Die heutige Unterkunft: das Jagdschloss Holzberghof

🛏 ✕ ♜ **Jagdschloss Holzberghof**, Holzberg 1, 97653 Bischofsheim in der Rhön, ☎ 097 72/12 07, ✉ info@holzberghof.de, 💻 www.holzberghof.de, ÜF EZ ab € 62, DZ ab € 90, MBZ ab € 110. Reservieren Sie rechtzeitig, trotz der hohen Zimmerzahl eine Übernachtung im Schloss ist begehrt.

Der älteste Teil des Jagdschlosses wurde bereits vor 400 Jahren als Forst- und Jagdhaus des Würzburger Fürstbischofs Julius Echter von Mespelbrunn errichtet. Die ansprechende Eingangsfront des Schlosses entstand allerdings erst zu Beginn des 20. Jahrhunderts und wurde nachträglich im neoromanischen Stil von dem damaligen Besitzer, einem dänischen Grafen, angebaut. Entsprechend soll die Fassade an das Schloss Lindenborg in Nordjütland erinnern. Mitte des 20. Jahrhunderts wurde das Schloss dann für den Fremdenverkehr umgebaut und erst im Jahre 2009 an das Stromnetz angeschlossen.

Das **Jagdschloss Holzberghof** liegt idyllisch und sehr abgeschieden in einer Waldlichtung auf knapp 800 Höhenmetern. Nachts hören Sie nichts weiter als Waldtiere, hier und da eine muhende Kuh und den weiter unter in einer Mulde säuselnden Schwarzbach. Die Zimmer sind rustikal, aber solide.

☺ Besonders reizvoll ist jedoch das Restaurant, in dessen Gasträumen auf elektrisches Licht verzichtet wird. Petroleumlampen erhellen den dunkel getäfelten Raum auch nach Einbruch der Nacht. In den Türmen lässt es sich gerade an regnerischen und verschneiten Tagen besonders gemütlich speisen.

↬ Sollten trotz der vielen Übernachtungszimmer alle bereits belegt sein, liegt in 2,7 km Entfernung das wunderschöne Rhönhäuschen. Für das Rhönhäuschen macht es Sinn, bereits am Parkplatz Schwedenwall bei km 10,4 vom HOCHRHÖNER® abzuweichen und 1,4 km zur Unterkunft zu gehen (☞ Seite 65). Nehmen Sie den Weg vom Holzberghof aus, so wandern Sie zunächst vom Parkplatz aus in südliche Richtung und halten sich an der ersten Gabelung rechts. Der Weg verläuft wenig später für 1,8 km durch einen Wald. Dabei halten Sie sich stetig in östliche Richtung. Der Weg mündet dabei zunächst in einen Pfad, Sie passieren einen kleinen Teich und gelangen bald wieder auf einen breiteren Weg. Halten Sie sich dabei geradeaus, sodass Sie auf die Kreisstraße (B278) gelangen. Dort wandern Sie nur noch wenige Meter nach links, bevor Sie am Rhönhäuschen ankommen.

☺ ↬ Wer nach Ankunft am Jagdschloss Holzberghof noch ein wenig Lust auf einen Spaziergang hat, kann hinunter zum 900 m entfernten ✿ Wasserfall Teufelsmühle laufen. Folgen Sie dazu zunächst der asphaltierten Straße hinter dem Holzberghof und biegen Sie nach 350 m rechts in den Forstweg hinunter ab. Dieser führt Sie in die kleine Schlucht des Schwarzbaches. Nach der zweiten Brücke geht rechts ein steinerner Weg hinunter zur Teufelsmühle.

Der Sage nach hat hier ein armer Müllersmann verzweifelt nach Wasser gerufen, um eine Mühle bauen zu können. Da erschien ihm der Teufel, der nach der ersten Seele verlangte, die sich an dieser Stelle auf dem Felsen ausruhen mochte. Der Müller willigte ein. Schon sprudelte am nächsten Tag der Schwarzbach stark und erquickend den Berg hinab. Als aber der Teufel an des Müllers neuen Mühle auftauchte, zeigte der Müller auf den besagten Felsen, der nun aber vom Schwarzbach bedeckt unter Wasser lag.

Variante Lange Rhön, Etappe 4.1: Vom Holzberghof nach Birx

16,8 km, 5 Std., ↑ 317 m, ↓ 358 m, ⇧ 733-924 m

0,0 km	⇧ 772 m	Jagdschloss Holzberghof
3,2 km	⇧ 924 m	Heidelstein
4,5 km	⇧ 913 m	Schwabenhimmel – Totengedenkstätte Rhönklub ⌘
5,5 km	⇧ 843 m	Schornhecke
13,3 km	⇧ 787 m	Abzweig Schwarzes Moor
13,8 km	⇧ 788 m	Kiosk am Schwarzen Moor, Abzweig Fladungen ⌘
16,8 km	⇧ 757 m	Birx

Die Hochrhön macht sich deutlich. Über den Balkon der Langen Rhön mit seinen dauerhaften Aussichten ins weite Tal verlassen Sie nun nicht mal mehr die 700 Höhenmeter. Diese Etappe hat vor allem für gehfreudige Wandernde viel zu bieten: Immer wieder ergeben sich kleine Zusatzwege, die ein landschaftliche Plus bedeuten. Pflichtprogramm sollten aber die zusätzlichen 2,1 km durch das Schwarze Moor sein. Das offizielle Dreiländereck von Bayern, Hessen und Thüringen wird zwar knapp verfehlt, das macht aber vor allem landschaftlich nichts. Mit Birx erreichen Sie eines der höchstgelegenen Dörfer der Rhön.

Gehen Sie vom Hoteleingang des Jagdschlosses wieder auf den Höhenweg oberhalb des Gebäudes und nehmen Sie von dort aus den Stichweg, den Sie gestern gekommen sind, 3,1 km zurück zur Bank am Heidelstein mit dem Sendemast. Der Aufstieg zum Berg ist gerade an sonnigen Morgen ein schönes Erlebnis zum Warmwerden. Oben ergibt sich Richtung Osten eine tolle Aussicht. Die dampfende Feuchte der Nacht steigt allmählich über die sachten Kuppen der Rhön.

Der **Heidelstein** ❶ ist ein Bergmassiv genau auf der hessisch-bayerischen Grenze und zeichnet sich durch den Doppelgipfel **Heidelstein-Schwabenhimmel** aus, der durch einen leichten Zwischensattel gekennzeichnet ist. Nordwestlich von Ihnen entspringt die **Ulster** als Quelle, der Sie auf der Kuppenvariante in Tann begegnen können.

Umkurven Sie den Sendemast. Die Spitze des Mastes liegt auf einer Höhe von 1.143 m und damit genau 2 m höher als der Harzer Brocken. Gäbe es den

Sendemast nicht, würde Ihnen der Berg vermutlich gar nicht so sehr auffallen. Das haben Sie sicherlich gemerkt, wenn Sie auf der Kuppenvariante des HOCHRHÖNERS® den Aussichtsturm im Roten Moor bestiegen haben. Hinter dem Sendemast gelangen Sie auf eine asphaltierte Straße und biegen links hinunter. Schräg gegenüber steht eine ⌘ Skulptur der Bundespost, an der sich einige ⩤ Sitzgelegenheit befinden. Folgen Sie der Straße herab, halten Sie sich in deren nächster Kurve geradeaus und wandern Sie über die Wiese weiter. Unter anderem wandern Sie hier auch auf den Europäischen Fernwanderwegen E3 und E6.

Nach 550 m mündet der Wiesenweg in einem kleinen, hellen Hain. Sie betreten nun die ⌘ ⩤ **Totengedenkstätte des Rhönklubs ❷**.

↳ Wenn Sie ganz zu Beginn den rechten Weg 10 m weitergehen, sehen Sie einen schön gestalteten historischen Wegweiser des Rhönklubs.

Der östliche Gipfel Schwabenhimmel ist in der Rhön auch bekannt als der Berg der Toten, denn die ⌘ Gedenkstätte des Rhönklubs erinnert an die gefallenen Rhönklubmitglieder im Ersten Weltkrieg. Noch heute findet alljährlich am dritten Septembersonntag ein Gottesdienst in der luftigen Höhe statt. Weiter wird hier an die innerdeutsche Teilung erinnert – dafür wurde ein Stück des originalen Grenzzauns zu einer Skulptur verarbeitet.

Vom Schwabenhimmel wandern Sie zum 800 m entfernten **Wanderparkplatz Schornhecke** herab und passieren dabei eine schön platzierte ⩤ Sitzgelegenheit unter einem Baum mit gutem Ausblick. Passieren Sie den Franzosenweg, eine

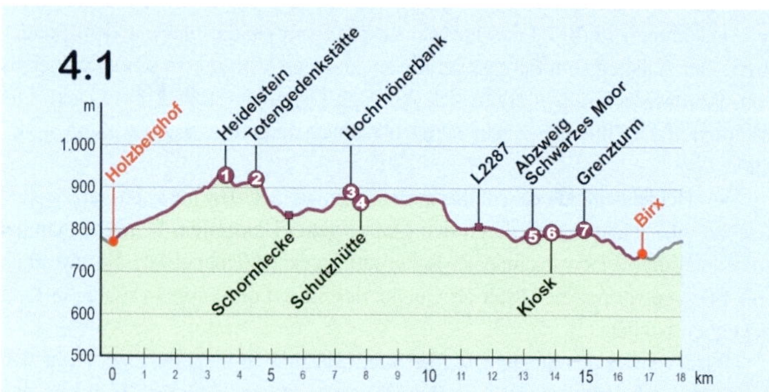

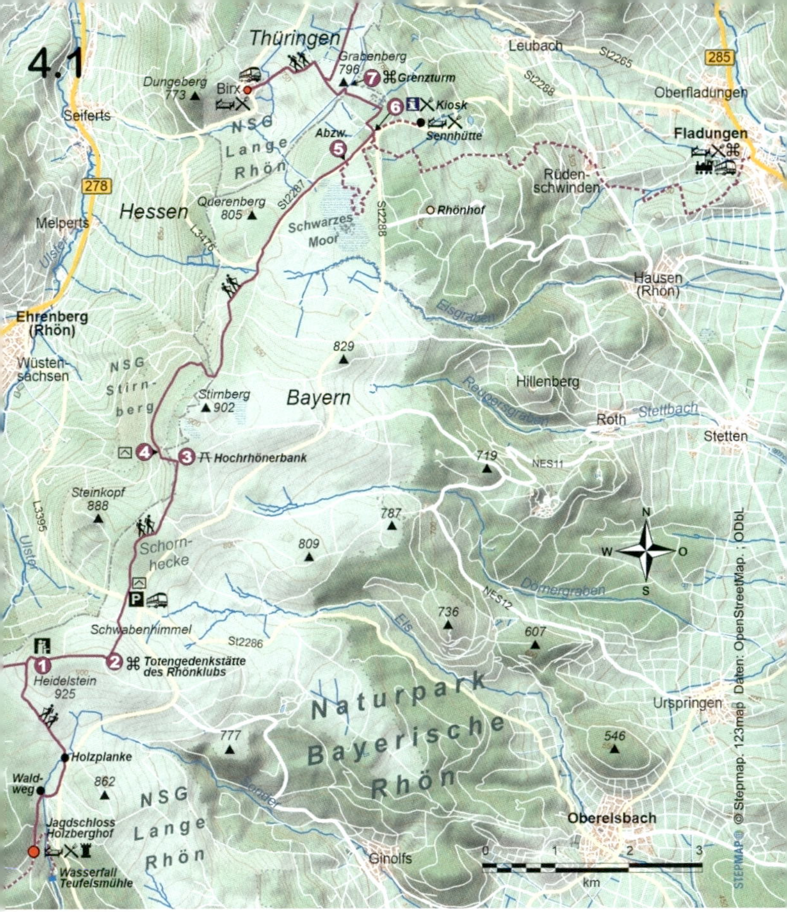

wichtige Passstraße über die Lange Rhön vom hessischen Wüstensachsen zum bayerischen Oberelsbach, und anschließend den Wanderparkplatz. Am Parkplatz befindet sich ein Naturspielplatz für Kindern sowie am hinteren Ende eine Schutzhütte.

Halten Sie sich vor dem Wanderparkplatz rechts und gehen auf die große Kreuzung zu, so gelangen Sie an eine Bushaltestelle mit Verbindung nach Fladungen, Bischofsheim in der Rhön und zum Kreuzberg.

Am Ende des Parkplatzes laufen Sie auf dem breiten Forstweg in den Fichtenwald. Hier ist der allmählich erfolgende Waldumbau gut zu erkennen. Nach rund 1 km gelangen Sie auf eine Offenfläche und haben einen guten Blick über das **Wüstensachsener Tal.** Im Hintergrund können Sie bei gutem Wetter die Wasserkuppe sowie die Basaltblockhalde des Schafsteins erkennen. Auf der Ebene treiben außerhalb der Wintermonate die Schäferinnen und Schäfer ihre Schafe über die freien Hochflächen. Immer wieder lassen sich kleine Schäferhütten erkennen. Nach einer schönen **Hochrhönerbank ❸** ist der Weg geradeaus aus naturschutzfachlichen Aspekten gesperrt.

Hier befinden Sie sich auch in einem Bewegungskorridor für Wildkatzen. Dass Sie die scheuen Tiere zu Gesicht bekommen, ist jedoch unwahrscheinlich.

Sie biegen links hinunter ab. Der breite Wiesenweg verändert bald daraufhin seine Gestalt und geht in einen steinigen Trampelpfad über. Der letzte Abschnitt geht über drei kleine Stufen.

Folgen Sie unterhalb der kleinen Treppe der Beschilderung nach links, kommen Sie in 3,7 km nach **Wüstensachsen**.

Halten Sie sich auf dem leicht geschotterten Weg rechts und passieren eine **Schutzhütte ❹**.

Die nächsten 1,7 km verlaufen durch einen Mischwald. Anschließend nimmt der Weg eine Biegung und Sie wandern weiter über eine Offenlandschaft. Nach 2,1 km umkurven Sie eine Schranke und überqueren die Landstraße (L3476). Der Weg verläuft nun 2,3 km am Waldrand entlang parallel zur Straße.

Wenn Sie die 2,1 km lange **Schlaufe um das Schwarze Moor** mitnehmen wollen, laufen Sie nicht unbeirrt die 2,3 km zum Kiosk hoch, sondern schauen Sie bei km 13,3 ❺ der Etappe nach rechts über die Straße. Dort können Sie eine Schranke erkennen, die die Zufahrt zu einem geschotterten Weg versperrt. Sie müssen etwas durch das Grün, um die Straße zu queren. Halten Sie sich nach der Schranke rechts und laufen Sie auf den modernen Aussichtsturm zu. Vom knapp 20 m hohen Turm können Sie sich einen guten Eindruck über die Umgebung in der Langen Rhön verschaffen. Weite Ausblick werden Sie zwar nicht vorfinden, dafür aber eine spannende und einzigartige Landschaft auf 800 Höhenmetern. Hinter dem Aussichtsturm gehen Sie weiter (von der Zuwegung, von der Sie gerade gekommen sind, rechts). Dort beginnt der Bohlenpfad.

Der Bohlenpfad und damit das Schwarze Moor werden in der Winterzeit und nach Schneefall gesperrt, zum einen, weil die Bohlen dann sehr glatt sein können, und zum anderen, damit die Tierwelt ruhen kann. Zu dieser Zeit sollten Sie auch nicht den Weg über die Schranke nehmen, sondern den Schutz des sensiblen Ökosystems respektieren.

Das Hochmoor ist ein besonders empfindliches und schützenswertes Biotop. Die zahllosen Informationstafel bringen Ihnen die Relevanz des Gebietes für die Natur näher. Es sollte nicht betont werden müssen, dass Sie die Bohlen keinesfalls verlassen sollten. Rund 100.000 Besucherinnen und Besucher erfreuen sich jedes Jahr an dem Moor, demgemäß bedarf es eines besonderen Feingefühls bei der Durchwanderung des Feuchtgebietes – verhalten Sie sich ruhig und genießen Sie diesen naturschutzfachlichen Schatz. Das Moor gehört zu den 100 wichtigsten Geotopen Bayerns.

Hier lassen sich floristische Besonderheiten finden, etwa das Margellan-Moos, das Wollgras und das Sumpf-Blutauge, aber auch fleischfressende Pflanzen wie der rundblättrige Sonnentau kommen hier vor und weisen auf die sauren Bodenbedingungen hin.

Die Tierwelt des Schwarzen Moores ist recht scheu, Iltis und Baummarder und auch die vom Aussterben bedrohten Birkhühner kommen hier vor. Selten bekommen Sie aber mehr zu sehen als Bergeidechsen, die sich auf den warmen Holzbohlen sonnen. Hüten sollten Sie sich jedoch vor der Kreuzotter, der einzigen Giftschlange der Rhön, die auch für den Menschen gefährlich werden kann.

Das langsame und erdrückende Gefühl des Einsinkens ist bei Mooren wohl Fantasie der Filmwelt. Die Gefahr vieler Moore geht eher von den unzähligen kleinen Mooraugen (Kolken) oder Moorrissen (Flarken) in Kombination mit schlechter Sicht nach Einbruch der Dunkelheit oder an den vielen Nebeltagen (in der Hochrhön 200 pro Jahr!) aus. Ein spannendes wie auch gefährliches Phänomen gibt es in Mooren nämlich tatsächlich: Über manchen Mooraugen bildet sich eine trügerische Grasschicht, Schwingrasen genannt. Tritt man mit einem Fuß darauf, wirkt es wie fester Boden. Sobald Sie aber das Gewicht darauf verlagern, gibt es nach und Sie stürzen in die Kolke oder Flarke. Diese gehen oft bis zu 2 m steil nach unten und durch die darunterliegende Moorschicht wird es Eingestürzten erschwert, wieder heil herauszukommen.

Wenn Sie erleben möchten, wie sich das Bad im Moor anfühlt, können Sie zum Ende des Moorpfades auf der rechten Seite die Stiefel und Socken ausziehen und in das künstliche Moorbecken gehen. ✋ Testen Sie aber im Vorfeld aus, ob das Wasser zum Fußewaschen angestellt ist, sonst wird es eine unangenehme Angelegenheit, wieder in die Stiefel zu kommen.

Den Bohlenpfad verlassen Sie rechts über das Holztor.

Das alte steinerne ⌘ Portal rechter Hand ist noch ein Überbleibsel des ehemaligen Reichsarbeitslagers aus dem Nationalsozialismus, in dem arbeitslose Deutsche Tätigkeiten zugewiesen bekamen. Dieses Lager war Teil des Dr.-Hellmuth-Plans, auch Rhönplan genannt, und diente zur strukturellen Verbesserung der kargen Rhön. In diesem Zuge wurde die Hohe Rhön auch mit der Hochrhönstraße erschlossen. Ganz in der Nähe befindet sich noch der alte Rhönhof, der als erster von 17 geplanten arischen Höfen den landwirtschaftlichen Nutzen der Hohen Rhön erforschen sollte.

Dem hell-geschotterten Weg folgen Sie zwischen den leuchtenden Weidenröschen entlang bis an die Kreuzung der Staatsstraße/Hochrhönstraße. Dort queren Sie die Straße Richtung Kiosk und sind wieder zurück auf dem HOCHRHÖNER®.

Auf dem Bohlensteg durchs Schwarze Moor

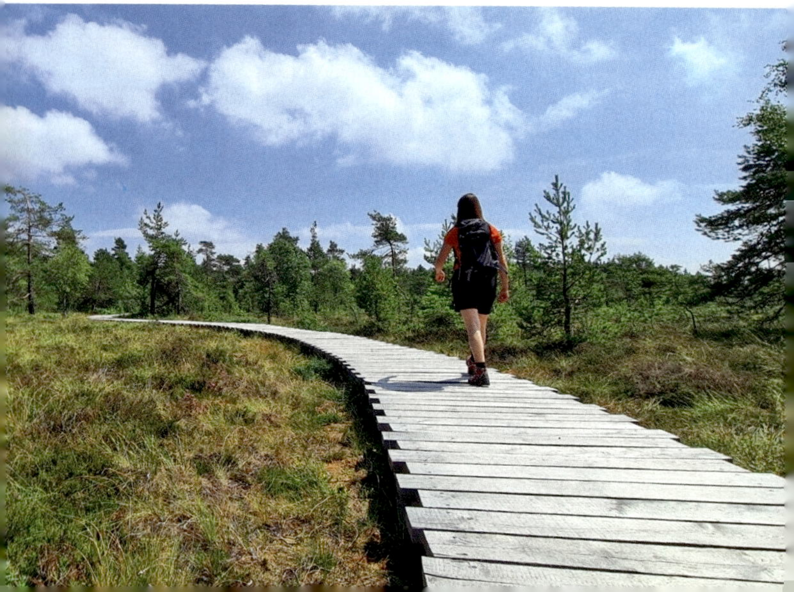

Sie erreichen nun den **Kiosk am Schwarzen Moor** ❻ (nach Fladungen und Bischofsheim in der Rhön und zum Kreuzberg), der bei Wandernden wie auch Autoreisenden auf der vorbeiführenden Hochrhönstraße gerne als Zwischenhalt mitgenommen wird.

Kiosk am Schwarzen Moor, Schwarzes Moor 3, 97650 Fladungen, 097 8/748 89 22, Mi-Mo 11:00-17:00. Man erzählt sich, hier gäbe es die besten Bratwürstchen; inzwischen auch vegan. Die angrenzende Touristeninformation unterstützt Sie, falls Sie noch Fragen zum Weg haben oder einen Tag mehr in Fladungen verbringen möchten.

Vom Kiosk aus gelangen Sie in den rund 7,4 km entfernten Stadtkern **Fladungens** BANK ⌘. Folgen Sie dazu einfach dem roten M auf weißem Grund. Fladungen hat einiges zu bieten, vor allem historisch und kulturlandschaftlich lohnt es sich, einen weiteren Tag dort zu verweilen.

Die Extratour „Museumstour" verbindet auf 20,2 km das artenreiche Umland mit dem historisch ansprechenden Stadtkern. Wer also einen weiteren Tag hier verbringen möchte, übernachtet am besten in der nahe gelegenen Sennhütte oder in Frankenheim. Außerdem lohnt sich ein Abstecher in das schön gestaltete ⌘ Fränkische Freilandmuseum in Fladungen. In mehr als 20 begehbaren Gebäuden wird Interessierten die alten Wohn- und Lebeweisen nähergebracht. Eine Einkehr in der angeschlossenen Museumsschänke rundet den Besuch ab.

⌘ Fränkisches Freilandmuseum Fladungen, Bahnhofstraße 19, 97650 Fladungen, 097 78/912 30, info@freilandmuseum-fladungen.de, www.freilandmuseum-fladungen.de, April, Okt, Nov Di-So 9:00-18:00, Mai-Sep täglich 9:00-18:00, Brotzeitstübchen im Museum, Mi 12:00-17:00, Sa-So 11:00-17:00

Zum Berggasthof Hotel Sennhütte folgen Sie am Ende des Wanderparkplatzes dem Fußgängerweg, der parallel zur Straße nach Fladungen führt. Vom Parkplatz aus sind Sie in rund 600 m am Berggasthof.

Berggasthof Hotel Sennhütte, Sennhütte 1, 97650 Fladungen, 097 78/910 10, info@sennhuette-rhoen.de, www.sennhuette-rhoen.de, ÜF EZ ab € 75, DZ ab € 109, Di-So 12:00-17:00 und 17:45-22:00

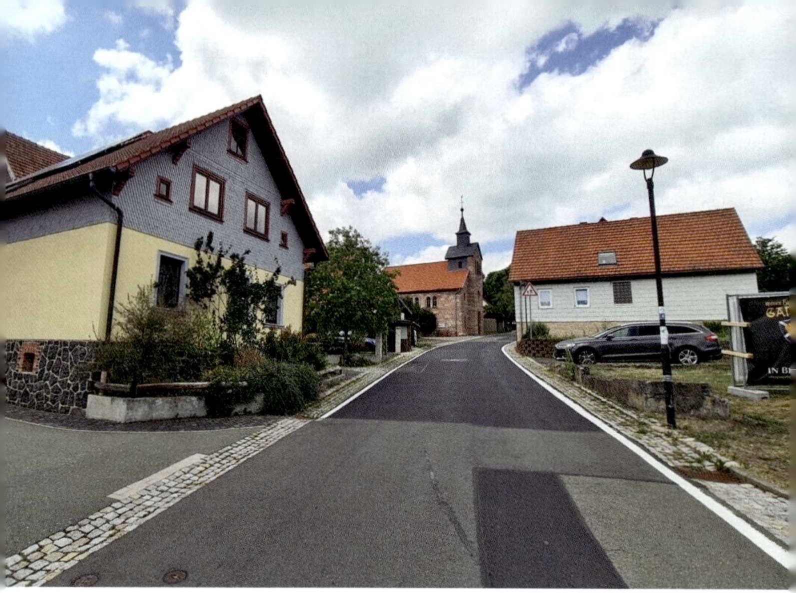

Etappenziel ist das beschauliche Örtchen Birx

Hinter dem Kiosk führt die Markierung des Wanderweges über eine schmale, geteerte Straße weiter. Sie biegen nach knapp 200 m rechts über eine kleine Brücke auf eine grüne Wiese ab und folgen dem Weg zwischen Kuhweide und Waldrand. Bald darauf gehen Sie über eine lange Bohle. Dieser Weg folgt exakt der thüringisch-bayerischen Grenze. Anschließend wird der Weg etwas felsendurchsetzter. Der Weg mündet in einem alten Kolonnenweg. Am **Grabenberg** (796 m) rechter Hand weist ein alter ⌘ **Grenzturm ❼** auf die historischen Ereignisse hin. Wenn Sie möchten, ↳ gehen Sie den 60 m langen Abstecher. Viele der alten DDR-Grenztürme gibt es nicht mehr. Hier haben Sie die Möglichkeit, nicht nur den Turm, sondern auch einen Stück Zaun als erhaltenes Ensemble zu begutachten.

Den Kolonnenweg wandern Sie nach links hinunter zu einer asphaltierten Straße, an ihr halten Sie sich rechts. Hinter dem kleinen Waldstück steht die ⩚ **Bank der Hoffnung**. An der Infotafel wird auf die Schicksale der grenznahen Höfe und Weiler aufmerksam gemacht – diese wurde gesprengt oder geschleift, damit die Bewohnerinnen und Bewohner nicht im Zonenbereich wohnen konnten. An der Bank befindet sich auch ein solarbetriebenes Zeitzeugengespräch mit einem Rhönschäfer, der Einblick in das harte Leben auf der rauen Rhön gibt.

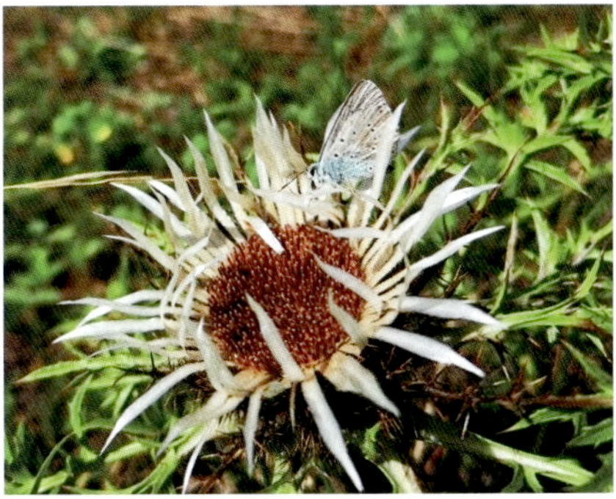

Die Silber- oder auch Rhöndistel sollte nur bestaunt, aber nicht gepflückt werden

Übernachten Sie in **Birx**, finden Sie unweit der Bank auch einen beschilderten Zubringer mit grünem Ö, der Sie in den Ort führt. Dazu folgen Sie dem asphaltierten Weg weitere 290 m und biegen dann nach links in das Waldstück ein. Sobald der Weg aus dem Wald wieder herausführt, geht er kurz daraufhin in den Hutweg über. Sie passieren einen kleinen Teich und kommen in Birx an.

Birx

Flechsenberger Hof, Seifertser Straße 18, 98634 Birx, ☏ 03 69 46/321 10, flechsenberger-hof@web.de, www.flechsenberger-hof.de, ÜF EZ ab € 65, DZ ab € 110, MBZ ab € 165, Hund € 8, Do-Di ab 11:00

♦ **Landgasthof Rhönstübchen**, Seifertser Straße 3, 98634 Birx, ☏ 03 69 46/313 00, 01 74/521 70 91, rhoenstuebchen@web.de, www.rhönstübchen.de, Ü EZ ab € 46, DZ ab € 62, MBZ ab € 93, F € 8, Hund € 6, Di-Mi und Fr ab 17:00, Sa, So ab 11:30

Pension Dreiländereck, Am Sportplatz 7, 98634 Birx, ☏ 03 69 46/314 55, 01 71/202 91 90, info@pension-dreilaendereck.de, www.pension-dreilaendereck.de, ÜF EZ ab € 65, DZ ab € 100, MBZ ab € 150, auf Anfrage möglich

Busverbindung nach Frankenheim, Kaltennordheim und Meiningen

Birx hat gerade mal etwas mehr als 150 Einwohnerinnen und Einwohner, liegt auf guten 750 Höhenmetern und soll, wie die Stadt Fulda, vom Missionar Bonifatius gegründet worden sein. Durch die hohe Lage in der Rhön ist die Periode, in der Vegetation wachsen kann, relativ kurz, daher ist landwirtschaftlicher Anbau hier eine Schwierigkeit. Dafür ist der kleine Ort in seiner malerischen Umgebung bei Touristinnen und Touristen beliebt. Im Sommer ist er ein gutee Ausgangspunkt vieler Wanderungen und im Winter bietet er Anschluss an ein umfangreiches Loipennetz.

Variante Lange Rhön, Etappe 5.1: Von Birx nach Kaltennordheim

17,7 km, 5 Std., ↑ 240 m, ↓ 533 m, ⇧ 441-812 m

0,0 km	⇧ 757 m	Birx
3,1 km	⇧ 749 m	Frankenheim ⌘
5,4 km	⇧ 810 m	Hexenstein ⌘
6,2 km	⇧ 791 m	Abzweig Thüringer Rhönhäuschen
6,8 km	⇧ 807 m	Ellenbogen mit Noahs Segel ⌘
7,1 km	⇧ 802 m	Eisenacher Haus
14,2 km	⇧ 484 m	Abzweig Kaltensundheim ⌘
16,3 km	⇧ 512 m	Abzweig Kaltennordheim
17,7 km	⇧ 441 m	Kaltennordheim BANK ⌘

Der letzte Tag in der Hochrhön zeichnet sich ab und zeigt sich noch einmal von seiner schönsten Seite. Am Weg finden sich unberührte Matten mit floralem Sprenkel, Rotmilane kreisen über den Köpfen der Wandernden und zahlreiches Vieh läuft zaghaft neugierig an den Weidezaun. Die Lange Rhön ist gerade im Frühsommer wahrhaftig ein Hochgenuss und kommt an dem Ellenbogen mit dem neuen Wahrzeichen zu seiner Krönung. Durch ihr Massiv als Hochplateau ist sie für Wegefresser wie auch für unerfahrene Wandernde klasse zu durchwandern. Am Ende der Etappe haben Sie mit den drei „kalten Orten" die Qual der Wahl bei Ihrer Unterkunft. Im Hinblick auf die anstehenden 23 km am Folgetag bietet sich aber strategisch betrachtet vor allem Kaltennordheim an, um die Kilometerzahl nicht noch weiter zu erhöhen.

Marschieren Sie den Hutweg hinaus aus **Birx**, biegen Sie nach dem anschließenden Waldstück rechts und vor der Bank der Hoffnung links ab und folgen Sie dem schmalen und felsendurchsetzten Bogen des Weges. Sie gelangen auf einen wiesendurchwachsenen Weg. Auf den 1,2 km passieren Sie eine **geschnitzte Skulptur ❶**, die für die vier Jahreszeiten steht, wie auch eine Schutzhütte. An der nächsten T-Kreuzung geht es Richtung Frankenheim. Sie müssen nur noch zwischen den Kuhweiden herunter an dem Hof vorbei auf die Straße Untere Ecke. In **Frankenheim ❷** angekommen gehen Sie geradewegs auf die schmale, asphaltierte Straße zu, die den Hang heraufführt. Damit kommen Sie auf die Leubacherstraße – eine Durchfahrtsstraße, die Hilders mit Oberfladungen verbindet.

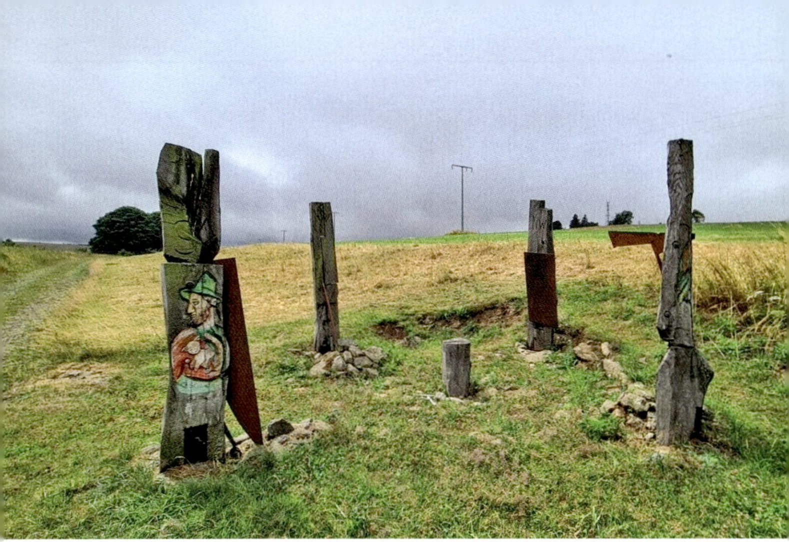

Frühling, Sommer, Herbst und Winter werden hier in Rhöner Schnitzermanier dargestellt

Frankenheim

- **Ferienhaus Pfaffenhaus**, Birxer Straße 11, 98634 Frankenheim, 03 69 46/295 29, alfred.spekker@t-online.de, Ü EZ/DZ ab € 55, MBZ ab € 67, € 10 (einmalig) nach Absprache
- ♦ **Rhöner Sternenhimmel**, Leubacher Straße 22, 98634 Frankenheim, 01 60/97 80 49 45, Ü Preis auf Anfrage
- ♦ **Ferienwohnung Städtler**, Leubacher Straße 12, 98634 Frankenheim, 03 69 46/321 83, 015 12/596 45 49, EZ und DZ Preis auf Anfrage, F auf Anfrage
- **Gaststätte Schweinebucht**, Angerweg 20, 98634 Frankenheim, 03 69 46/320 36, täglich 11:00-21:00
- **Meinis Sport Shop**, Waldstraße 10, 98634 Frankenheim, Mo-Sa 9:00-12:00, Mo-Fr auch 15:00-17:00
- Busverbindung nach Birx und Kaltennordheim

Frankenheim gibt es gleich zweimal in der Rhön – das thüringische vor Ihnen und ein bayerisches nahe Bischofsheim in der Rhön. Das hier liegende Frankenheim hat eine Bevölkerungszahl von knapp über 1.000 Personen und ist mit 750 Höhenmetern der höchstgelegene Ort in der Rhön. Der über 800 Jahre alte Ort weckte aufgrund seiner Grenzlage Begehrlichkeiten bei den Anrainerherrschern des Fürstbistums Fulda und Würzburg, den Grafen von der Tann und der Herrschaft Henneberg; Letzter gewannen auch den Disput für sich. Aufgrund der hohen Lage war und ist an Landwirtschaft kaum zu denken. Viel zu kurz sind die Sommer und die Wachstumsperioden der Vegetation. Daher gehörte Frankenheim lange zu den ärmsten Orten in der ohnehin schon als Armenhaus verschrienen Rhön. Die Bewohnerinnen und Bewohner mussten sich mit anderer Tätigkeit ihr Brot verdienen: Die Herstellung von Rechen und Holzwaren sowie Lederpeitschen war zwar nicht sonderlich lukrativ, aber immerhin eine Einkommensquelle. Durch die hohe Lage und die besonders guten Luft darf sich Frankenheim heute immerhin als Luftkurort bezeichnen und lebt mitunter vom Tourismus.

↳ Je nach Geschmack und nach Befinden ist der knapp 2,7 km lange ⌘ **Panorama-Barfußpfad** (Barfußpfad 1,2 km und Rückweg 1,5 km) eine Erholung oder eine weitere Strapaze für die erschöpften Füße. Zumindest werden allen, die sich dazu entschließen, abwechslungsreiche Untergründe und eine gute Aussicht geboten. Zur Krönung gibt es ein mit Bergwasser gespeistes Becken, in dem Sie Ihre Füße nochmals ordentlich abkühlen lassen können. Allerdings sei darauf hingewiesen, dass der Barfußpfad bei den Recherchen im Jahr 2022 nicht mehr ganz so gepflegt war. Das Bergwasserbecken musste ich mir mit zahlreichen Bergmolchen teilen – als Lurch des Jahres 2019 immerhin etwas Prominenz. Der Barfußpfad beginnt unterhalb des Heilpflanzengartens. Nehmen Sie dazu den östlichen Pfad im Garten und biegen Sie danach rechts den Hang herunter.

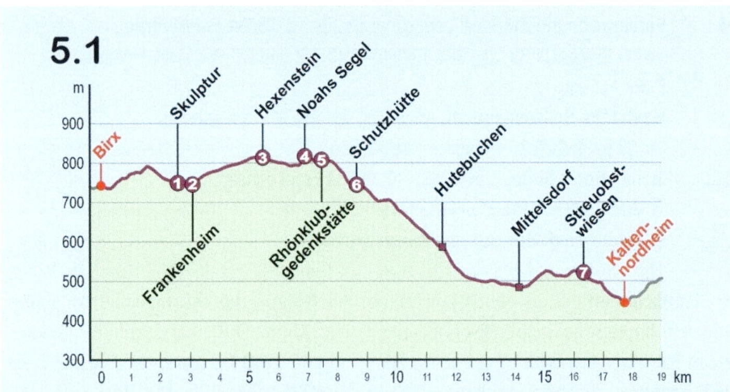

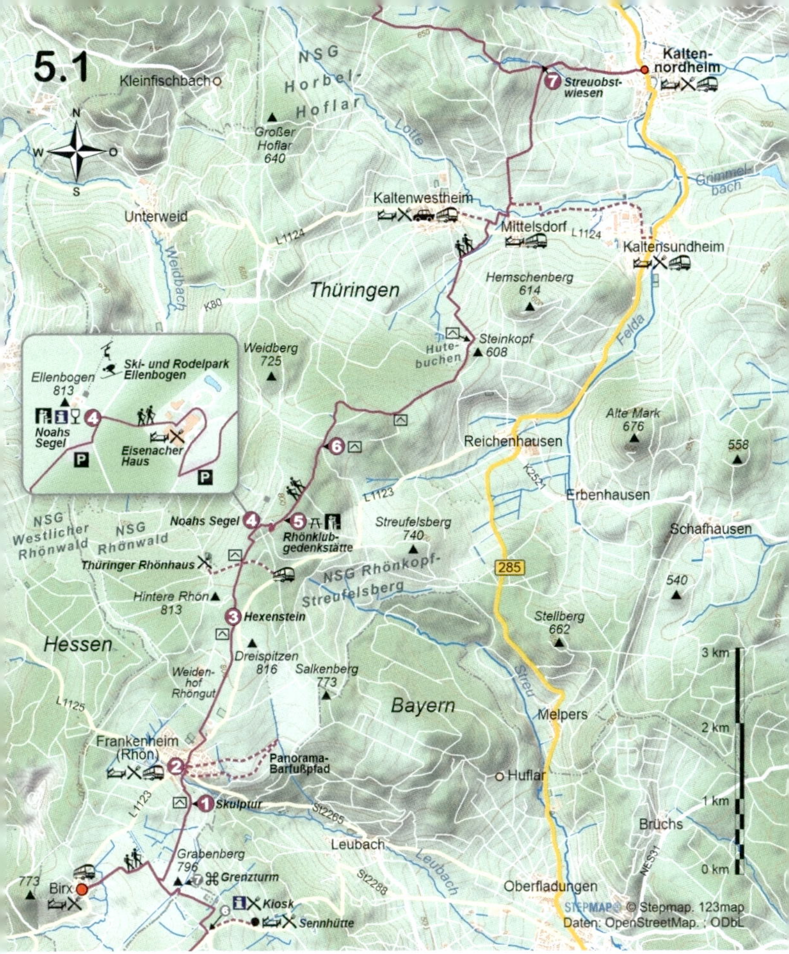

Von der Leubacher Straße aus gehen Sie schräg nach links in die kleine, weiter heraufführende Straße (nicht den Angerweg schräg rechts), queren die Sophienstraße und wandern links an der ✝ neugotischen Kirche vorbei, die vor rund 150 Jahren an der Stelle einer alten Holzkirche gebaut wurde. Sie laufen die Straße Am Friedhof weiter nach oben bis zur Reichenhäuser Straße. Lassen Sie sich nicht verwirren – in Frankenheim tragen oftmals mehrere Straßenabzweige die gleiche Bezeichnung.

Der Reichenhäuser Straße folgen Sie rund 260 m, biegen hinter der Mehrzweckhalle Hochrhönhalle nach links ab und folgen schließlich dem Weg entlang des Waldes. Nachdem Sie die Oberweider Straße passiert haben, gelangen Sie auf eine offene Fläche. Nach 1,2 km auf dem landwirtschaftlichen Weg kommen Sie an einer ⌂ Wetterschutzhütte vorbei. Rechts sehen Sie den hohen Schnitzersberg samt Sendemast (815 m).

Der Ellenbogen als höchster Berg der thüringischen Rhön?!

Fehlanzeige! Lange Zeit wurde dies nämlich geglaubt. Der **Schnitzersberg** zu Ihrer Rechten ist aber die höchste Erhebung. Vermutet wird, dass diese Erhebung lange Zeit keine Bezeichnung hatte und daher im Ranking der höchsten Gipfel keine Beachtung fand. Der Berg gehört zu einer Ansammlung unscheinbarer, aber recht hoher Erhebungen, welche **Drei Spitzen** genannt werden. Während die Erhebung mit dem Namen **Hintere Rhön** (813 m) ebenfalls etwas höher ist als der Ellenbogen, hat die dritte Erhebung der Drei Spitzen noch immer keine Bezeichnung. Da Sie sich gerade auf einer Höhe von 808 m aufhalten, fällt der Schnitzersberg lediglich durch den dort platzierten Sendemast auf.

Nun führt Sie der HOCHRHÖNER® allmählich in den Wald. Eine rostige Tafel steht am Wegesrand. Dahinter liegt ein großer Felsbrocken – der **Hexenstein ❸**.

Der Hexenstein

Ein großer Felsbrocken mitten im Wald, rundherum nur lauter kleine Steine. Ungewöhnlich – das dachten sich vor allem die Menschen im Mittelalter und machten Hexen für dieses Phänomen verantwortlich. Vielmehr wird der Fels wohl Zeuge des prägnanten Vulkanismus in der Rhön sein, der in Folge der Erosion zu dem Felsen geworden ist, der heute noch zu sehen ist.

Die Vegetation in der Offenlandschaft, nachdem Sie aus dem Wald gekommen sind, wirkt recht mager. Hier oben bekommen Sie sicher schnell das Gefühl von Ebenen im Hochgebirge. Gerade an heißen Tagen sollten Sie hier Sonnencreme und reichlich Wasser mit sich führen. Der Weg führt Sie über eine Straße mit dem Namen Sophienstraßen.

↳ Wenn Sie nach links abbiegen, erreichen Sie in 600 m das **Thüringer Rhönhaus.**

Thüringer Rhönhaus, Thüringer Rhönhausstraße 1, 98634 Oberweid am Ellenbogen, ☏ 03 69 46/320 60, info@thueringer-rhoenhaus.de, www.thueringer-rhoenhaus.de, Mai-Okt täglich 11:00-18:00, Nov und März Sa, So 11:00-18:00, Dez-Feb und April Mi-Fr 11:30-16:30, Sa, So 11:00-18:00, eine schöne und besonders urige Einkehrmöglichkeit mit einfachen, günstigen und rhöntypischen Speisen. Regelmäßig werden hier Backhausfeste, Haxenessen oder Open-Air-Gottesdienste veranstaltet. Trotz der angeschlossenen Parkanlage hat alles einen recht beschaulichen Charakter.

Nach rechts herab gelangen Sie in 550 m zur Bushaltestelle mit Verbindung nach Birx, Frankenheim und Kaltennordheim.

Marschieren Sie am Parkplatz den gemulchten Weg hinauf und im Anschluss daran links zwischen Hecke und Wald durch. Halten Sie sich an das Waldstück und biegen mit ihm wieder nach rechts. Schon jetzt sehen Sie das monumentale und kunstvoll gestaltete Wahrzeichen des **Ellenbogens (813 m)** mit dem Namen Noahs Segel.

Gehen Sie noch die 230 m bis zum Aussichtsturm hoch.

Der HOCHRHÖNER® läuft 60 m an **Noahs Segel** ❹ vorbei. Das sollte Sie nicht von dem kleinen Abstecher abhalten, denn auch wenn Sie sich dagegen entscheiden, gegen eine kleine Gebühr auf das 21 m hohe Segel zu steigen, bekommen Sie eine wirklich sagenhafte Aussicht in das Thüringer Land. Vom Segel aus haben Sie den Vorteil, dass Sie auch über den hinter Ihnen liegenden Wald blicken können und somit einen 360-Grad-Ausblick genießen.

Haben Sie sich daran sattgesehen, haben Sie die Qual der Wahl: entweder über die Treppe wieder herab oder ein wenig schneller über die 120 m lange Erlebnisrutsche (nehmen Sie sich dafür im Vorfeld schon einen Rutschteppich mit hoch).

Noahs Segel, Hauptstraße 18, 36452 Kaltennordheim, Sommer täglich 8:00-20:00, Winter 9:00-16:00, je nach Witterung geschlossen, Eintritt € 2 Erwachsene, Kinder frei. Während der Öffnungszeiten findet sich im Gebäude auch ein kleiner Selbstbedingungskiosk auf Vertrauensbasis mit Getränken und kleinen Snacks. Zudem bekommen Sie einige Broschüren zur Gegend.

Das Areal wird im Winter zu einem kleinen Zentrum für Wintersport: Der **Ski- und Rodelpark Ellenbogen** bietet verschieden Wintersportarten. Für alle Altersgruppen spaßig ist sicherlich das Snowtubing, bei dem Sie mit einem Luftreifen auf einer präparierten Piste den Berg runterrutschen.

Ski- und Rodelpark Ellenbogen, Hauptstraße 18, 36452 Kaltennordheim, täglich 11:00-17:00 bei ausreichender Schneesituation, Eintritt ab € 2,50

Unterhalb von Noahs Segel durchlaufen Sie das kleine Waldstück und umrunden das **Eisenacher Haus**. Im Ursprung vom Rhönklub als Berghotel gebaut wurde es im Kalten Krieg als Abhörposten genutzt. Inzwischen werden dort wieder Zimmer für Reisende geboten.

Eisenacher Haus, Eisenacher Haus 1, 98634 Erbenhausen, 03 69 46/24 79 80, info@primahotel-eisenacherhaus.de, www.primahotel-eisenacherhaus.de, Ü EZ ab € 67,50, DZ ab € 85, MBZ ab € 100, F € 12,50, ab € 15, Mo-Do 16:00-20:00, Fr-So 11:00-20:00, im Sommer öffnet draußen auch ein einfacher Kiosk.

Unterhalb des Eisenacher Hauses verschwindet der Wanderweg auf einem Wiesenpfad und führt zunächst ein Stück an einem Zaun entlang. Danach folgt einer der landschaftlich schönsten Abschnitte der Tagesetappe. Über eine nadelbaumdurchsetzte Bergwiesenhochebene laufen Sie durch das reinste Blütenmeer, ständig den Geruch von erwärmtem Fichtenharz in der Nase, und überall summt und zwitschert es.

Nach 130 m lädt ein kleiner Abstecher über den Wiesenpfad nach rechts zur **Rhönklubgedenkstätte ❺** und zum Aussicht Eckertbank ein. Der Pfad führt zu einer 60 m weiter unten und ruhig gelegenen Sitzgruppe. In dieser idyllischen Umgebung haben Sie zwar nur ein wenig Aussicht, aber etwas Zeit, um die Kräfte für die nächsten 10 km aufzuladen.

An dieser Stelle wird auch an den bedeutenden Landschaftsfotografen Herrmann Eckert erinnert, der als Vorsitzender des Rhönklub-Zweigvereins Eisenach einen Postkartenverlag gründete, um mit seinen Fotografien auf die Besonderheiten der bis dahin noch unerschlossenen, unbekannten und rauen Gegend aufmerksam zu machen.

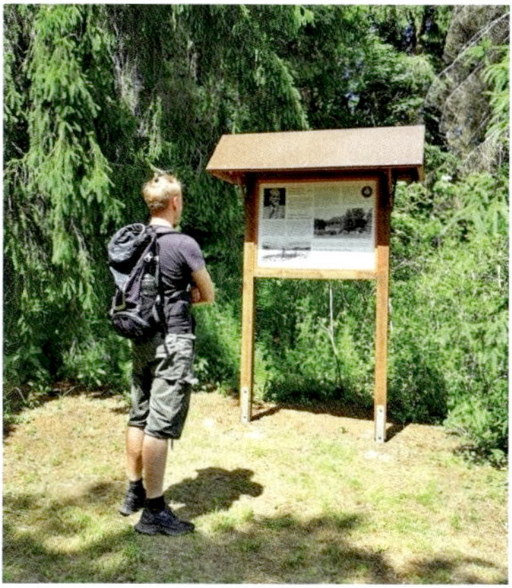

Abstecher zur Rhönklubgedenkstätte Eckertbank

Durch den anschließenden dunkel anmutenden Mischwald führt ein schöner, verwurzelter Pfad zur weiter unten gelegenen ⌂ **Schutzhütte des Rhönklubs Reichenhausen ❻**. Danach verläuft die Wanderung recht lange über einen geschotterten Wirtschaftsweg. Nachdem Sie wieder in eine Offenlandschaft gelangt sind, befindet sich links von Ihnen ein ✿ flächiges Naturdenkmal, das aufgrund seiner Hutebuchen einen besonderen Lebensraum darstellt. Sobald Sie die ⌂ Schutzhütte mit der ⛩ Hochrhönerbank in Gestalt eines Lamas passiert haben, gehen Sie den Weg zwischen den landwirtschaftlichen Flächen links herab. An der Bodenbeschaffenheit lässt sich erahnen, dass es sich um einen ehemaligen Kalkmagerstandort handeln könnte, der der wirtschaftlichen Nutzung zugeführt wurde. Unten gehen Sie zunächst rechts und kurz darauf nach links auf eine große Wiese. Achten Sie auf den Pfosten weit vorne auf der Wiese, daran erkennen Sie, dass Sie richtig sind. Folgen Sie danach dem Weg bis zur Straße (L1124), queren Sie diese und gehen zur gegenüberliegenden Bucht. Hier ist ein wenig Sucharbeit gefragt. Die Wandermarkierungen sind an den hölzernen Strommasten angebracht. Der erste muss umrundet werden. Dass die darauffolgende Markierung aber schwer zu finden ist, hat auch die Wegewartung bemerkt: Auf dem zweiten Strommast ist eine überdimensionierte Tafel mit einem großen Ö angebracht.

✋ Aufgrund der ausgedünnten Herbergssituation in Kaltennordheim – sollten Sie vorher telefonisch reservieren. Haben Sie dort nicht mehr die Möglichkeit, für eine Nacht unterzukommen, verbleiben Sie besser in Mittelsdorf, Kaltenwestheim oder Kaltensundheim.

↳ Bei km 13,6 ist **Kaltenwestheim** 🛏 ✕ 🛒 🚗 in nur 450 m über einen landwirtschaftlichen Weg zu erreichen.

Kaltenwestheim

Ferienhaus Rhöner Auszeit, Untertorstraße 5, 36452 Kaltennordheim, 01 51/12 31 66 51, info@rhoener-auszeit.de, www.rhöner-auszeit.de, Ü ab € 60 für 2 Personen, schön gestaltete Wohnung, Einzelübernachtung nur in Ferienwohnung Ringeltaube, € 8

Nahkauf, Dorfstraße 21, 98634 Kaltennordheim, Mo-Fr 7:00-19:00, Sa 7:00-18:00

Taxi und Transporte Böhme, Dorfstraße 21, 98634 Kaltennordheim, 03 69 46/201 85

Busverbindung nach Kaltennordheim, Kaltensundheim und Meiningen

Die „kalten Orte" Kaltensundheim, Kaltenwestheim wie auch Kaltennordheim sind wohl aufgrund ihrer schattigen Tallage der südwestlichen Berge so benannt. Zu jeder Jahreszeit fließt die kalte Luft in die Mulde und hält sich dort, weshalb es in den Orten immer etwas kühler ist als in der Umgebung. Auch der Nebel hält sich hartnäckig. Zudem soll der Name wohl auch dazu gedient haben, sich zum Nordheim im bayerischen Teil abzugrenzen.

Wandern Sie weiter den Weg gen Norden, bis Sie auf die Straße Am Mühlgraben kommen. Sie folgen einer asphaltierten Straße rechts bis an den Ortsrand. **Mittelsdorf** wird am nordwestlichen Rand touchiert.

Mittelsdorf

Ferienhaus Kämpf, Am Mühlgraben 2, 36452 Kaltennordheim, 03 69 46/204 15, 01 51/17 57 09 99, www.kämpf-rhön.de, helmar.kaempf@t-online.de, Ü EZ/DZ € ab 55, MBZ € 60, F auf Anfrage

Busverbindung nach Kaltenwestheim, Kaltensundheim und Kaltennordheim

Mittelsdorf mit seinen knapp 500 Einwohnerinnen und Einwohnern wird den Namen vermutlich aufgrund seiner Lage zwischen den beiden Orten Kaltenwestheim und Kaltensundheim erhalten haben.

Kurz vor dem eigentlichen Ort biegen Sie jedoch in die Straße Linsenhof ein. Bevor Sie auf eine kleine Grünfläche kommen, an der eine Bank steht und auch Wohnmobile abgestellt werden dürfen, haben Sie die beste Möglichkeit, über die Straße An der Liethe nach **Kaltensundheim** zu gelangen.

Die grüne Markierung des HOCHRHÖNERS® weist Ihnen an dieser Stelle den Weg nach Kaltensundheim.

Kaltensundheim

Landgasthof Zur guten Quelle, Hauptstraße 7-9, 36452 Kaltennordheim,
03 69 46/38 50, gute-quelle@t-online.de, www.gute-quelle.de,
ÜF EZ ab € 58, DZ ab € 100, MBZ ab € 144, € 9, Mo nur für Hausgäste,
Di 17:00-22:00, Mi-Do 11:00-14:00 und 17:00-22:00, Fr-So 11:00-22:00,
Goethe hat hier öfters übernachtet. Authentische Hausmannskost!

Eddies Eiscafé, Hinterm Kirchhof 11, 36452 Kaltennordheim, 03 69 46/207 12,
eddis-eiscafe@t-online.de, www.eddies-eiscafe.de, Sa-Mo 14:00-21:00

Nahkauf, Hinterm Kirchhof 12, 36452 Kaltennordheim,
Mo-Fr 8:00-19:00, Sa 7:00-17:00

Bäckerei und Konditorei Neubauer, Hauptstraße 5, 98634 Kaltennordheim,
03 69 46/29 90 01, Mo-Fr 7:00-18:00, Sa 7:00-12:00

Rhönbrauerei Dittmar, Fuldaer Straße 6, 36452 Kaltennordheim,
03 69 66/834 90, info@rhoenbrauerei.de, www.rhoenbrauerei.de,
Mo-Fr 8:00-16:45

Wehrkirche St. Albanus, Burg 1, 98634 Kaltennordheim

⌘ **Dorfmuseum Kaltensundheim**, Bachgasse 6, 98634 Kaltensundheim,
03 69 46/216 10, Öffnungszeiten nach Bedarf

Busverbindung nach Kaltennordheim und Meiningen

Kaltensundheim ist mit seinen rund 800 Einwohnerinnen und Einwohnern ein wenig größer als Kaltenwestheim. Beide Orte sind offiziell Stadtteile der Stadt Kaltennordheim. Kaltensundheim bietet mit der gut erhaltenen romanischen Wehrkirche St. Albanus ein kleines Ausflugsziel. Wehrkirchen boten Schutz vor Fremden. Aus dem Baudatum lässt sich schlussfolgern, dass sie in Kaltensundheim vor Hussiteneinfällen schützen sollte. Dabei handelte es sich um eine reformierte Bewegung, die sich aus Böhmen in Richtung Westen und Süden verbreiteten.

Bei dem Wohnmobilstellplatz halten Sie sich auf dem linken, geschotterten Wirtschaftsweg. An der darauffolgenden Kreuzung gehen Sie wieder rechts und verlassen 400 m später den Wirtschaftsweg nach links über eine kleine Spur in der Wiese. Diesem Weg folgen Sie nun für 1,2 km nahezu geradeaus.

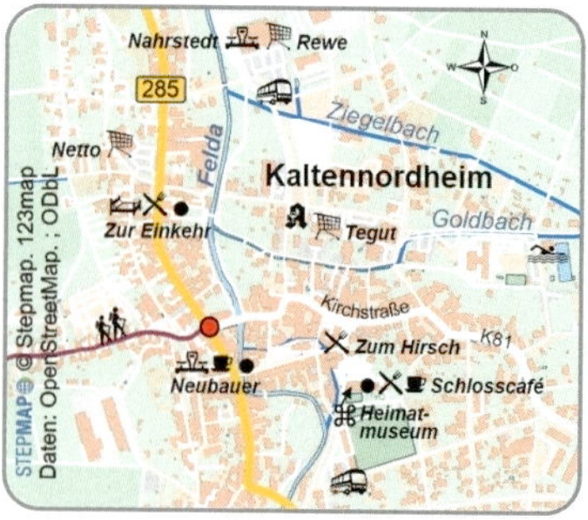

Am Ende der langen Gerade kommen Sie an eine Kreuzung mit einer **Streuobstwiese ❼**, bei der Sie eingeladen werden, sich zu bedienen. Hier befindet sich der Zubringer nach Kaltennordheim. Folgen Sie der Markierung mit dem grünen Ö für rund 1,4 km geradeaus. Der Weg verläuft relativ gerade an einer Baumallee vorbei und führt wenig später über die Straße Kirchtor weiter – die kleine Stadt können Sie also nicht verfehlen. Gehen Sie diese Straße bis zum Ende, befinden Sie sich auf der August-Bebel-Straße. Von dort aus kommen Sie überall hin.

Kaltennordheim

Gasthaus Zur Einkehr, August-Bebel-Straße 24, 36452 Kaltennordheim, 03 69 66/842 14, gasthauszureinkehr@gmx.de, www.gasthauszureinkehr.info, Ü EZ ab € 35, DZ ab € 68, MBZ ab € 90, F € 4, Mo-Sa 9:00-20:00

Restaurant Schlosscafé, Schloßhof 4, 36452 Kaltennordheim, 03 69 66/844 78, Mi-Do ab 11:00

Gasthaus Zum Hirsch, Wilhelm-Külz-Platz 4, 36452 Kaltennordheim, 03 69 66/27 48 97, info@hirschwirt.de, Mi-Sa 11:00-14:00 und 17:00-22:00, Mo-Di 17:00-21:00, So 11:00-14:30 und 17:00-21:00

Tegut, Gartenstraße 2, 36452 Kaltennordheim, 03 69 66/816 05, Mo-Sa 7:00-19:00

♦ **REWE**, Feldabahnstraße 6, 36452 Kaltennordheim, Mo-Sa 6:00-22:00

♦ **Netto**, August-Bebel-Straße 35, 36452 Kaltennordheim, Mo-Sa 7:00-20:00

Bäckerei Neubauer, Neumarkt 1, 36452 Kaltennordheim, 03 69 66/29 90 01, markus.neubauer85@web.de, www.baeckerei-neubauer.de, Mo, Mi, Do, Sa 6:00-10:00, Di, Fr 6:00-17:00

♦ **Backhaus Nahrstedt**, Feldabahnstraße 6, 36452 Kaltennordheim, Mo-Sa 7:00-20:00, So 7:00-10:00

Rhön-Apotheke, Feldabahnstraße 4B, 36452 Kaltennordheim, 03 69 66/842 27, www.rhoen-apotheke.de, Mo-Fr 8:00-18:30, Sa 8:00-12:30

Schwimmbad Kaltennordheim, Schwimmbadweg 1, 36452 Kaltennordheim, 03 69 66/778 36, Mai-Sep Mo-Fr 13:00-20:00, Sa, So 10:00-20:00, je nach Witterung geschlossen

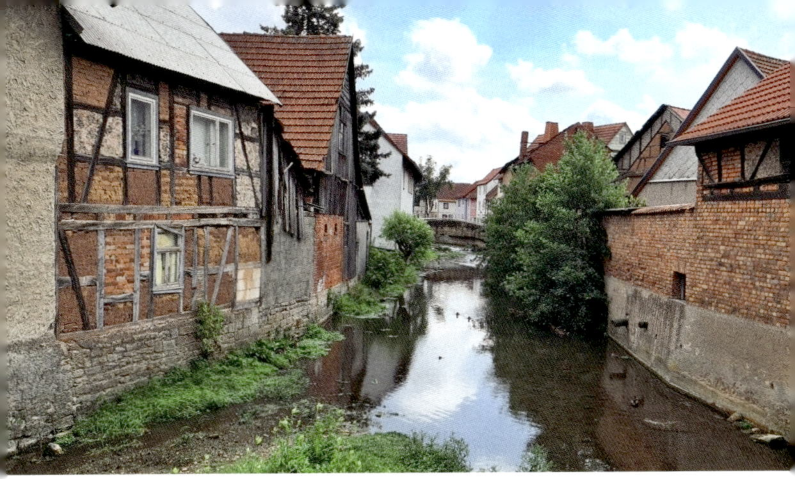

Die Felda durchquert Kaltennordheim

⌘ **Heimatmuseum Kaltennordheim**, Schloßhof 4, 36452 Kaltennordheim, ☏ 03 69 66/72 30, Öffnungszeiten auf Anfrage

Busverbindung nach Dermbach, Kaltensundheim, Meiningen und Bad Salzungen

Kaltennordheim gehört mit einer Bevölkerungszahl von knapp 6.000 Menschen schon zu den größeren Rhönstädtchen (die Kurorte und Fulda mal ausgeklammert). Allerdings fließen in diese Zahl auch schon die weit außen liegenden „kalten Orte" als Stadtteile mit ein. Im Laufe ihrer Historie wurde die Stadt von übermäßig vielen Schicksalsschlägen heimgesucht. Angefangen bei der beinahen Auslöschung Kaltennordheims durch die Pest, mehreren Großbränden und wechselnden Herrschaftsverhältnissen bis hin zur Herausforderung des Wiederaufbaus nach der Wende. Mit der regelmäßigen Einkehr von Goethe und der Inhaftierung des sagenumwobenen **Rhönpaulus** (☞ Seite 103) wird diese ereignisreiche Geschichte abgerundet.

Lassen Sie sich nicht von dem prestigeträchtigen Namen ♜ **Schloss Merlinsburg** beirren. Der Name geht vor allem auf die im Mittelalter erbaute und bei einem Großfeuer im 17. Jahrhundert abgebrannte Merlinsburg zurück. An ihrer Stelle wurde das als Schloss bezeichnete, allerdings recht schlichte Amtsgebäude errichtet. Heute ist die Anlage ein ⌘ Bodendenkmal, an dem nur an einigen Stellen ein paar Mauerreste der Burg erkennbar sind. Sehenswert ist aber die über 500 alte Jahre Amtslinde auf dem Schlosshof. Heute beherbergt das Amtsgebäude Heimatmuseum, Bibliothek und eine Schänke.

Variante Lange Rhön, Etappe 6.1: Von Kaltennordheim nach Dermbach

22,5 km, 7 Std., ↑ 669 m, ↓ 747 m, ⇧ 362-665 m

0,0 km	⇧ 441 m	Kaltennordheim
1,4 km	⇧ 508 m	Abzweig nach Kaltennordheim
3,2 km	⇧ 650 m	Wüstung Marschlerhof
5,5 km	⇧ 654 m	Hexenlinde
9,1 km	⇧ 628 m	DDR-Grenzturm
10,8 km	⇧ 534 m	Andenhausen, Abzweig HOCHRHÖNER®-Variante
17,5 km	⇧ 643 m	Föhlritz
18,2 km	⇧ 665 m	Gläserberg
22,5 km	⇧ 362 m	Dermbach

Der HOCHRHÖNER® führt Sie lange über angenehm zu gehende Bergwiesen, viel Grünland und hier und da mal ein kurzer Waldabschnitt sind zu durchwandern, bis Sie die Hexenlinde passieren. Anschließend umrunden Sie den Horbel, ehe sich die zwei Varianten des HOCHRHÖNERS® in Andenhausen wieder einigen. Über die Festung Katzenstein mit der kleinen basaltenen Kuppe führt Sie der HOCHRHÖNER® immer weiter hinauf in Richtung des Tageshighlights, des Gläserberges mit der schönen Gläserberghütte. Der Abstieg erfolgt über die Dermbacher Klippen hinunter in die Ortschaft Dermbach, wo Sie sich kulinarisch verwöhnen lassen können.

Nehmen Sie den 1,6 km langen Stichweg zurück zur Streuobstwiese, von der Sie gestern gekommen sind.

Streuobstwiesen in der Rhön

Streuobstwiesen sind zwar kulturellen Ursprungs, gehören aber zu den artenreichsten Lebensräumen der Rhön. Ursächlich dafür ist insbesondere der Strukturreichtum: Oftmals ungemähte Wiesenflächen im Zusammenspiel mit lockerem und vor allem altem Baumbestand sorgen dafür, dass Insekten wie auch Vögel und Nagetiere Unterschlupf finden. Eine große Bedeutung hatten diese Wiesen auch für den Menschen. Die Obstbäume, meist am Rande der Siedlungen, versorgten die Bevölkerung mit frischem Obst.

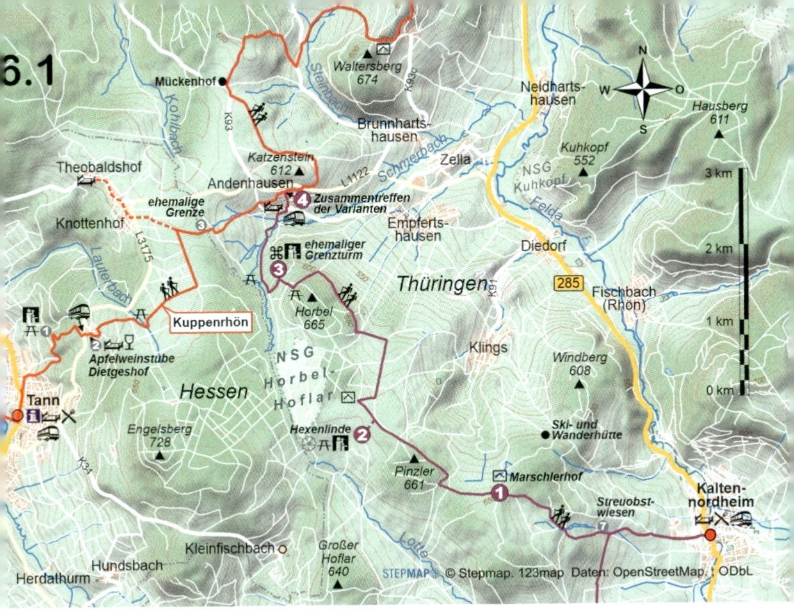

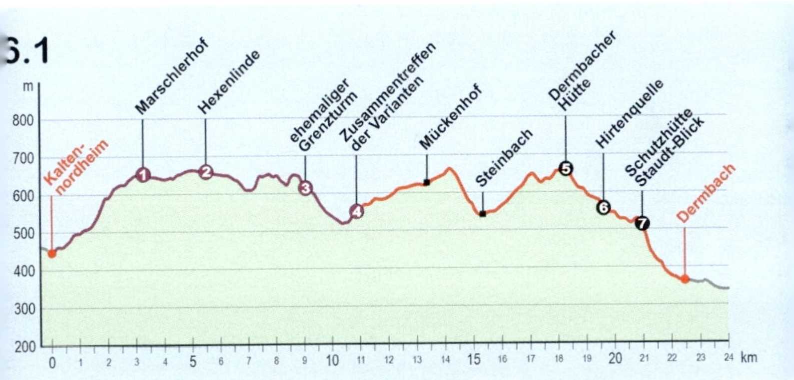

Aufgrund der vielen Streuobstwiesen hat sich in der Rhön inzwischen eine genetische Vielfalt entwickelt, die es zu schützen gilt. In dem gesamten Mittelgebirge gibt es mehr als 400 verschiedene Apfelsorten und einige Sorten, die durch Kreuzungen in der Rhön erst entstanden sind, so etwa die Rhöner Schafsnase.

☺ Das schöne ist, dass Sie an manchen Stellen eingeladen werden, ein paar der alten und raren Sorten zu probieren. Nehmen Sie sich daher auch gerne einen Apfel für die nächste Pause mit.

Steigen Sie von Kaltennordheim kommend den Weg an der Streuobstwiese geradeaus hoch. Nach wenigen Metern passieren Sie eine ⩩ Bank und gelangen unter einem wuchtigen Baum entlang in eine große, schöne Offenlandschaft, durch die sich ein felsendurchsetzter Pfad schlängelt. Sie gelangen an eine ⩩ Bank an einem angelegten Beet mit Sträuchern. Daneben zweigt ein kleiner Weg ab, der den Hang hochführt. Auf diesem wandern Sie weiter nach oben und sehen schon bald einen überdachten ⩩ Picknickplatz.

Folgen Sie dem breiten, asphaltierten Wirtschaftsweg für rund 1,1 km, bis Sie an einen größeren Platz kommen. Dort finden Sie ein Hinweisschild auf den **Marschlerhof ❶**, der im Jahr 1938 vom Land Thüringen an dieser Stelle zwecks Versorgung und Ausbildung errichtet wurde. Da sich der Hof aber zu DDR-Zeiten zu sehr in Grenznähe befand, wurde er schließlich Anfang der 1970er-Jahren geschleift.

Abendstimmung in der Rhön

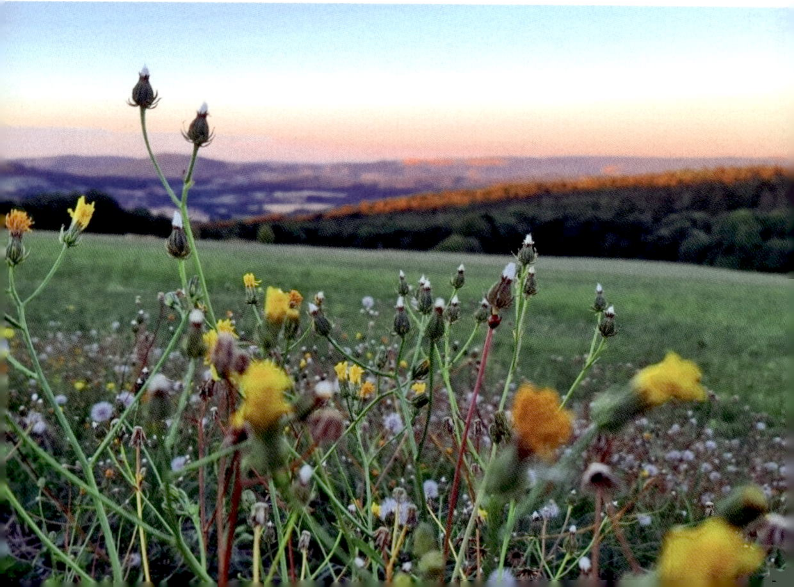

An dem Platz befinden sich einige Sitzgelegenheit sowie eine Schutzhütte. Die ausgeschilderte **Ski- und Wanderhütte** in 1,3 km Entfernung hat nur sonntags 13:00-18:00 geöffnet.

Halten Sie sich nach dem Marschlerhof knapp 900 m geradeaus und biegen Sie dann rechts und den nächstmöglichen Weg links ab. Anschließend wandern Sie durch einen kleinen Baumhain und schließlich über eine Wiese.

An der Seite befinden sich sporadisch kleine moderne Holztafeln mit alten Rhöner Sprüchen und regionalen Weisheiten. Folgen Sie dem Wiesenpfad für 1,3 km, dann ist dort der Stichweg zur **Hexenlinde ❷** ausgeschildert. Da der Abzweig lediglich 50 m beträgt, lohnt es sich, das monumentale Naturdenkmal zu besichtigen.

Der Tanz um die Linde

Der Sage nach machte sich eines Tages ein Musikant von Dermbach auf nach Tann. Bei Andenhausen verirrte er sich jedoch, woraufhin ein freundlicher Jäger ihm anbot, ihn hoch zur Linde zu führen. Von dort aus könne er sich wieder orientieren. An der großen Linde angekommen fand der Musikant eine feiernde Gesellschaft, die den Musikanten bat, einige Stücke auf einer schönen Klarinette zu spielen. Für diese musikalische Unterhaltung solle er auch reichlich entlohnt werden. So spielte der Musikant einige Stunden und zog danach müde zurück nach Dermbach. Als er jedoch am nächsten Morgen aufwachte, sah er, dass die geschenkte Klarinette lediglich ein schmutziger Knochen und die Taler wertlose Scherben waren. So wusste der Musikant, dass er Hexen zum Tanze gespielt hatte.

Dem Wiesenweg weiter folgend gelangen Sie auf einen landwirtschaftlichen Weg und an eine moderne Wetterschutzhütte. Hier stoßen Sie auch an das Grüne Band, das durch Deutschland entlang der ehemaligen deutsch-deutschen Grenze verläuft. Bei km 6,2 dürfen Sie nicht einfach der Biegung des Wirtschaftsweges folgen, sondern müssen geradeaus über die grüne Wiese wandern. Orientieren Sie sich dabei an der Tanne in Sichtweite vor Ihnen. 700 m danach halten Sie sich links, ehe Sie in den Mischwald des Horbels (665 m) eintreten. Der Gipfel des Horbels wird hier nur umrundet, daher wandern Sie unterhalb von ihm auf einem recht matschigen Weg, bevor Sie an der nächsten T-Kreuzung einen steilen Wirtschaftsweg nach links oben nehmen. Wandern Sie so lange weiter, bis Sie eine hölzerne Liegebank mit schöner Aussicht passieren. An dieser halten Sie sich rechts auf den altem Kolonnenweg.

☝ Auf den Kolonnenwegen ist immer Vorsicht geboten. Zum einen können Sie leicht in die Fugen der Platten einbrechen. Diese Gefahr besteht selbst, wenn die Fugen schon zugwachsen erscheinen. Zum anderen sollten Sie sich nicht außerhalb der Kolonnenwege aufhalten, da sich hier und da noch immer Überbleibsel alter Sprengkörper befinden können.

Unten angekommen können Sie sich auf mehreren Bänken erholen. Hier steht auch noch ein gut erhaltener ⌘ **Grenzturm ❸** aus DDR-Zeiten. Der Kolonnenweg führt Sie noch weiter hinab und knickt dann nach rechts ab. Wenige Meter später passieren Sie eine schön gestaltete HOCHRHÖNER®-Sitzgruppe. Eine vergleichbare Sitzgruppe haben Sie bereits unterhalb des Heidelsteins gesehen, als Sie sich für die Variante Lange Rhön entschieden haben. Vor einigen Jahren traf genau hier die Variante Lange Rhön wieder auf die Variante Kuppenrhön. Allerdings hat Starkregen den Weg mitgerissen. Der HOCHRHÖNER® wurde so umgelegt, dass die beiden Varianten nun in **Andenhausen** zusammenkommen.

☝ Die Beschilderung in **Andenhausen** ist nicht sonderlich gut. Halten Sie sich am besten in der Ortschaft direkt rechts in die Straße Bornwiese und gehen Sie die erste Möglichkeit links hoch. Sie gelangen so auf die Straße Kirchberg. Die Straße macht dem Namen alle Ehre und führt enorm steil an der auffälligen, da schwarzen ✞ Kirche und einem Platz mit Bänken vorbei auf die Straße Berggarten. Sie können sich den Aufstieg ein wenig erleichtern, indem Sie die Treppenstufen des Bürgersteiges nutzen.

Oben , befinden Sie sich an der Stelle, wo beide **HOCHRHÖNER®-Varianten wieder zusammenführen ❹.**

☞ Die restliche Etappe verläuft weiter an Föhlritz vorbei hoch zum ✕ **Gläserberg ❺** und von da aus runter zur 💧 **Trinkwasserquelle** Hirtentränke **❻**. Der Abstieg nach Dermbach findet unterhalb der Schutzhütte mit dem **Staudt-Blick ❼** statt, bevor Sie den eigentlichen Ort erreichen. Die ausführliche Beschreibung finden Sie auf Seite 92.

Variante Hochrhönrunde

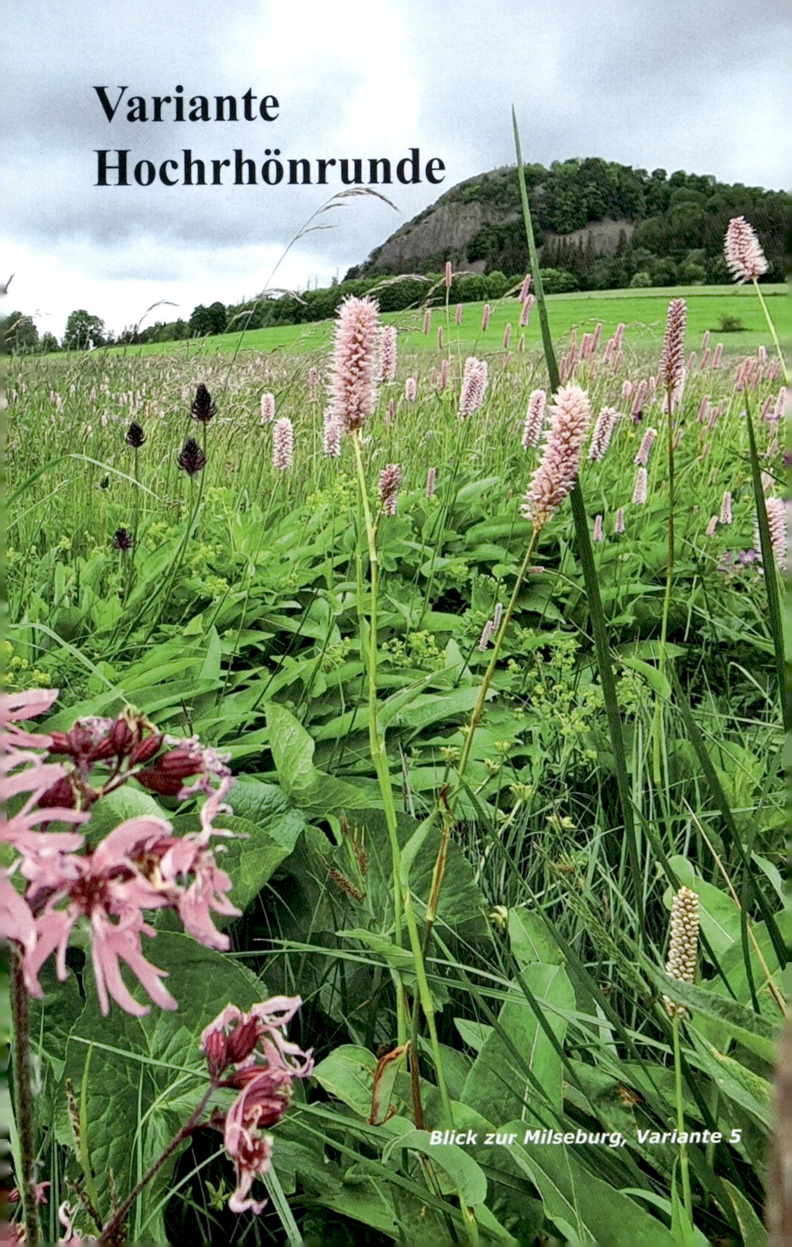

Blick zur Milseburg, Variante 5

Variante Hochrhönrunde, Etappe 1: Von Tann nach Kaltennordheim

➲ 17,9 km, ⌛ 4 Std. 30 Min., ↑ 605 m, ↓ 502 m, ⇧ 326-659 m

0,0 km	⇧ 380 m	Tann
7,0 km	⇧ 534 m	Andenhausen, Zusammentreffen HOCHRHÖNER®-Variante
12,3 km	⇧ 654 m	Hexenlinde
16,5 km	⇧ 508 m	Abzweig nach Kaltennordheim
17,9 km	⇧ 441 m	Kaltennordheim

Katholische Kirche in Tann

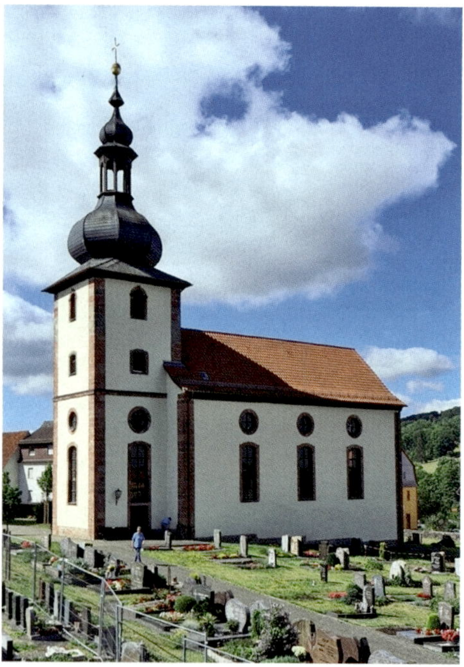

Auf dieser Etappe folgen Sie zunächst aus dem schönen Bergstädtchen Tann heraus der Etappe 6 des HOCHRHÖNERS® nach Andenhausen (☞ Karte S. 94). Von Andenhausen aus wandern Sie die Etappe 6.1 in entgegengesetzte Richtung (☞ Karte S. 148). Der Weg führt Sie über den Kolonnenweg an einem historischen Grenzturm vorbei zum Horbel hoch. Bis nach Kaltennordheim werden Sie überwiegend über weiche Matten und über freie Bergwiesen wandern. Highlight ist sicherlich die verwunschene Hexenlinde, die Sie über einen kurzen Abstecher erreichen.

Variante Hochrhönrunde, Etappe 2: Von Kaltennordheim nach Birx

17,7 km, 5 Std., ↑ 533 m, ↓ 240 m, ⇧ 441-812 m

0,0 km	⇧ 441 m	Kaltennordheim
1,4 km	⇧ 512 m	Abzweig Kaltennordheim
10,8 km	⇧ 807 m	Ellenbogen mit Noahs Segel
14,3 km	⇧ 749 m	Frankenheim
17,7 km	⇧ 757 m	Birx

Sie starten Ihre heutige Etappe in Kaltennordheim und wandern über den markierten Zubringer zurück zum HOCHRHÖNER®. Von dort aus wandern Sie die Etappe 5.1 der Variante Lange Rhön in entgegengesetzte Richtung nach Birx (☞ Karte S. 139).

Der Weg verläuft vor allem über ausgedehnte Bergwiesen der Hohen Rhön. Der überwiegende Teil der Wanderung verläuft weit über 700 Höhenmeter. Am Ellenbogen mit dem neugeschaffenen Wahrzeichen Noahs Segel kommt der Wandertag zum Höhepunkt.

Variante Hochrhönrunde, Etappe 3: Von Birx zum Jagdschloss Holzberghof

16,8 km, 5 Std., ↑ 359 m, ↓ 324 m, ⇧ 733-924 m

0,0 km	⇧ 757 m	Birx
2,9 km	⇧ 788 m	Kiosk am Schwarzen Moor,
		Abzweig Fladungen
13,3 km	⇧ 924 m	Heidelstein
16,8 km	⇧ 772 m	Jagdschloss Holzberghof

Bis zum Etappenziel, dem im Wald versunkenen Jagdschloss Holzberghof, folgen Sie der Etappe 4.1 der Variante Lange Rhön in entgegengesetzte Richtung (☞ Karte S. 129). Die Wanderung führt Sie ein letztes Mal über das Plateau der Langen Rhön. Mit den 2,1 Zusatzkilometer durch das Schwarze Moor bekommen Sie heute ein Wanderhighlight der Extraklasse.

Variante Hochrhönrunde, Etappe 4: Vom Jagdschloss Holzberghof zur Wasserkuppe

10,4 km, 3 Std. 30 Min., ↑ 323 m, ↓ 178 m, ⇧ 761-924 m

0,0 km	⇧ 761 m	Holzberghof
3,1 km	⇧ 912 m	Stichweg zum Schloss Holzberghof
4,4 km	⇧ 839 m	Haus am Roten Moor
10,4 km	⇧ 908 m	Wasserkuppe FUN ⌘

Für diese Tagesetappe folgen Sie zunächst dem Rhönrundweg 3 zurück bis vor den Gipfel des Heidelsteins. Von dort aus wandern Sie die Etappe 3.1 der Variante Lange Rhön (☞ Karte S. 123) des HOCHRHÖNERS® in entgegengesetzte Richtung bis zum Zusammentreffen der beiden Varianten kurz vor dem Haus am Roten Moor. Ab diesem Punkt wandern Sie die Etappe 3 des HOCHRHÖNERS® in normaler Richtung weiter bis zur Wasserkuppe (☞ Karte S. 59). Besonders schön ist der Bohlenpfad durch das Rote Moor und die Durchquerung des Naturschutzgebietes Fuchsstein. An der Fuldaquelle bietet sich die Möglichkeit, den Wasservorrat mit frischem Bergwasser aufzufüllen.

Variante Hochrhönrunde, Etappe 5: Von der Wasserkuppe nach Gotthards

23 km, 7 Std., ↑ 585 m, ↓ 1.055 m, ⇧ 375-945 m

0,0 km	⇧ 908 m	Wasserkuppe FUN ⌘
5,7 km	⇧ 692 m	Grabenhöfchen
9,3 km	⇧ 805 m	Milseburg ( ) ✝ ⌘
20,7 km	⇧ 461 m	Schwarzbach BANK ✝
23,0 km	⇧ 375 m	Gotthards

Für den Wandertag können Sie ganz bequem der Etappe 4 (☞ Karte S. 87) des HOCHRHÖNERS® in normaler Richtung folgen. Der Weg bietet Ihnen heute zahlreiche Highlights, neben dem mystischen Bubenbad und dem Bubenbader Stein gipfelt die Wanderung auf der Milseburg, dem wahrscheinlich schönsten Berg der Rhön, bevor es allmählich zum Abstieg nach Gotthards geht.

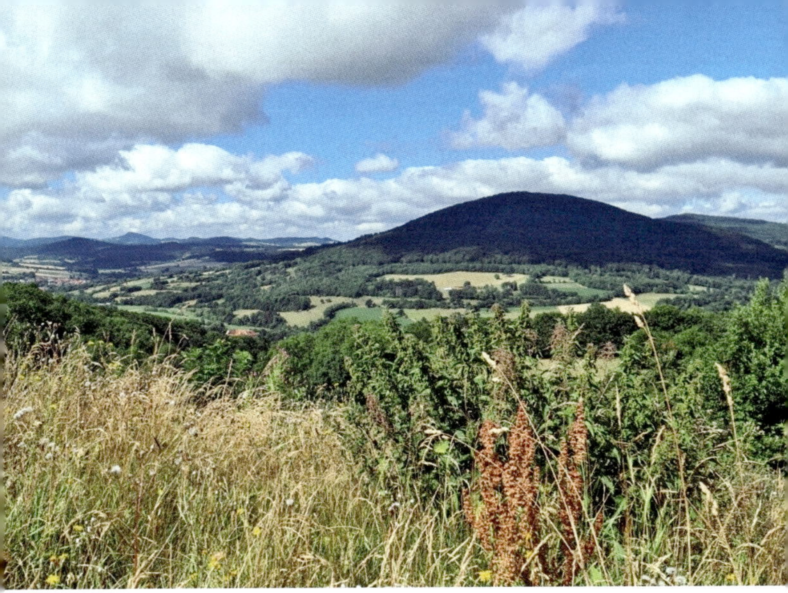

Blick auf den Habelberg

Variante Hochrhönrunde, Etappe 6: Von Gotthards nach Tann

➲ *15,5 km,* ⧗ *4 Std. 30 Min.,* ↑ *579 m,* ↓ *624 m,* ⇧ *312-688 m*

0,0 km	⇧ 375 m	Gotthards
10,9 km	⇧ 643 m	Habelstein
15,5 km	⇧ 380 m	Tann BANK

Folgen Sie am letzten Wandertag der Hochrhönrunde der Etappe 5 (☞ Karte S. 73) des HOCHRHÖNERS® in normaler Richtung. Sie wandern überwiegend im Wald oder am Waldsaum entlang. Im letzten Drittel steigen Sie den Habelberg hoch und haben am Habelstein einen wunderbaren Blick ins Land. Wenig später folgt der lange waldreiche Abstieg zurück ins beschauliche Bergstädtchen Tann, wo Ihre Hochrhönrunde nach sechs Wandertagen zu einem schönen Abschluss kommt.

Index

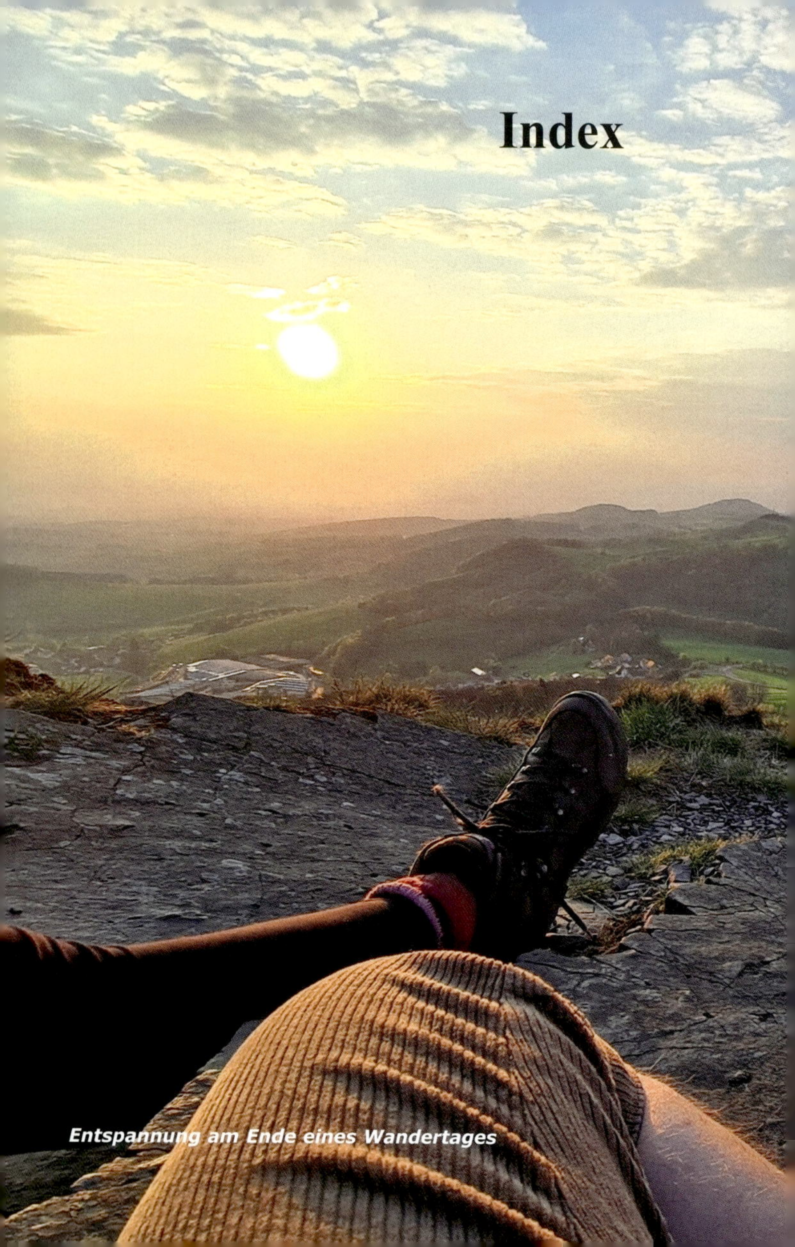

Entspannung am Ende eines Wandertages